# 社会政策と
# 「社会保障・社会福祉」
#### 対象課題と制度体系

木村 敦 著

学文社

## はしがき

　本書を著そうとしたのは，社会福祉分野における事業の遂行者または実践者（両者の相違については本書の中で解説される）は，日常の業務が困難に直面したとき，どのような理論的基盤に立ち戻ることができるのだろうか，という著者の思いからであった。「社会福祉とはそもそも何か」という基礎理論・本質論を，社会福祉分野の研究者は提供できていないのではないか，と考えたのである。

　その一方で，「社会福祉援助技術論」や「相談援助論」はまさに百花繚乱であって，社会福祉従事者はこれらの技術を生涯に使い切ることができるのだろうかという疑問さえ浮かぶ。

　「基礎理論・本質論」と「機能論（援助技術論・相談援助論）」それぞれの扱われ方は対照的である。たとえば，社会福祉士の養成課程内には，社会保障制度の機能を解説する「社会保障」はあっても，より原理的な内容をもつ（はずである）「社会政策」は，ない。また，日常業務にとって即効性がある法学系科目（そのような思想をもってしか編まれていないだけであろうが）や対人関係の理論に関する社会学系科目はあっても，この社会における労働と生活とはそもそも何なのかというところへ立ち戻って考える（はずである）経済学系科目は，ない。

　もちろん，本書が社会福祉援助者が立ち戻るべき根本理論となった，などというおそれ多いことは全く考えていない。ただ，本書が，社会福祉分野において，本質論的議論が盛んに行われ，そして基礎理論構築の重要性が（再）確認されるきっかけのひとつになれば，と考えるのみである。

本書は，2008年6月から開催されてきた「社会福祉論の基本問題研究会」(構成員：故・三塚武男・同志社大学名誉教授，安井喜行・大谷大学教授，藤井伸生・華頂短期大学教授，志藤修司・大谷大学准教授，著者）の研究成果の一部である。この研究会には，上段で述べた著者の問題意識に近い関心をもつ研究者が集まり，「社会福祉とはそもそも何か。社会福祉の対象課題とはそもそも何か。社会福祉の本質とはそもそも何か。」というところを中心に議論を重ねた。

　本書は，当該研究会における著者の分担課題である「社会政策との関係を明確にした上で社会福祉の社会保障における位置と役割を明らかにする」の成果である。研究会においては，他の構成員から有益な示唆を多くいただき，それによって本書を著すことができた。

　とりわけ，2011年3月に急逝された三塚武男先生からは，課題設定という大きな部分から，表現・構成といった細部にわたるまで実に多くの助言をいただいた。本書を三塚先生の存命中に刊行できなかった著者の怠惰が悔やまれてならない。この場を借りてお詫び申し上げるとともに，本書を謹んで墓前に捧げたい。

　また，研究会の成果は，まとめることができた部分から，著者の勤務先である大阪産業大学の学内学会誌である『大阪産業大学経済論集』に掲載してきた。本書は，序章を除き加筆・修正を加えた上での同誌からの転載である。今回の出版にあたり，転載を快諾していただいた大阪産業大学学長・大阪産業大学学会会長である本山美彦先生，同大学経済学部教授・同学会常任委員長である竹内常善先生をはじめ，学会関係者諸氏にもこの場を借りて御礼申し上げたい。

初出は以下の通りである。

第1章：『大阪産業大学経済論集』第11巻第2号（2010年2月）
第2章：『大阪産業大学経済論集』第11巻第3号（2010年6月）
第3章：『大阪産業大学経済論集』第12巻第1号（2010年9月）
第4章：『大阪産業大学経済論集』第12巻第2号（2011年2月）
（原題：「『雇用と生活』の総合的保障を実現するための社会・労働運動の役割―『総合的生活問題対策体系』の構築をめざして―」［日本社会福祉学会第58回秋季大会において企画された「特定課題セッションⅠ」で使用したレジュメ「社会政策と社会福祉の境界域」に加筆・修正を行い，論題と構成を変更したもの］）

　本書は，題名に「社会政策」「社会保障」「社会福祉」「対象課題」「制度体系」と並んでいる。言うならば「全部入って」おり，いささかわかりにくいかもしれない。題名について少し説明しておく。
　「社会保障・社会福祉」は，社会福祉を社会保障の重要な構成要素ととらえるという意味である。今少し説明すると，社会保障は生活問題対策であり，その一環である社会福祉は最低限・最小限の最低生活保障という役割を社会保障制度体系内で担う。したがって，社会福祉と社会保障を切り離したうえで社会福祉の内部問題だけを考えていたのでは，「社会福祉とはそもそも何か」が理解できない。「社会保障・社会福祉」はそのような著者の問題意識をあらわしている。
　「社会政策」「社会保障・社会福祉」を「と」で並列させたのは，社会政策を，労働問題対策が基本であり（からはじまり），そこか

ら生活問題対策へと拡大するという性質の政策領域であると理解したうえで，それと「社会保障・社会福祉」との関係を明らかにしたい，という意図のあらわれである。労働問題対策という任務は社会政策が担わなければならないと著者は考える。しかしながら近年，「就労支援」などという名で，その責任が社会福祉に押しつけられているのではないか。そして，労働問題対策が社会政策として拡充されることを前提とせず社会福祉の整備は進まないのではないか。このような問題意識が著者にはある。

　以上のような意味からは，社会福祉が社会政策を「補充・代替」するという理論は，決して社会福祉を「低い位置」に押し込めるものではない。社会福祉が対象とする資本主義社会における生活問題は，資本主義社会の経済機構が賃労働制を基盤にする以上，間接的な形でではあっても労働問題を基礎に生成されるのであるから，労働問題対策が欠落した中で社会福祉が有効に機能することはあり得ない。生活問題が労働問題を基礎にして生み出されるというメカニズムのもとで，社会福祉は社会政策を補充するのである。

　その一方で，社会政策が本来の役割を果たさないときに，つまり，社会政策の範囲が縮小し内容が後退するときに，社会福祉の社会政策に対する代替性は拡大する。したがって代替性は，社会政策の拡充を求める「何らかの力」がはたらく場合には縮小するという性質を有する。「何らかの力」が有効にはたらき，社会福祉の社会政策に対する代替性が解消され，労働問題と生活問題（社会問題＝政策の対象課題）それぞれに適確に対応するように社会政策と社会福祉とが配置された社会問題対策体系を展望することが，今必要なのではないか。このような問題意識によって，副題を「対象課題と制度

体系」とした。

　本のタイトルの説明だけをするつもりが，少々，本題（基本的問題認識の説明）に入りかけてしまったきらいがある。本書における基本的問題認識については，引き続き「序章」で述べることとする。

　　2011年　　　　　　　　　　　　　　　　　　　　木村　敦

# 目　次

はしがき

序章　本書における基本的問題認識・目的と各章の趣旨……… 1

Ⅰ　基本的問題認識と本書の目的…………………………………… 2
　(1)　「福祉」の目的概念化と「本質論」の欠落…… 3
　(2)　「ケアマネジメント論」の跋扈…… 4
　(3)　個別分断的援助技術論の克服…… 5
Ⅱ　「社会政策から社会保障へ」の歴史的必然（第1章）……… 7
Ⅲ　社会福祉が社会政策を「補充・代替」することの根拠と問題（第2章）…………………………………………………… 9
Ⅳ　なぜ生活問題を「現代の労働問題」と考えなければならないか（第3章）……………………………………………… 10
Ⅴ　「総合的生活問題対策体系」の内容とその確立のための社会・労働運動の役割（第4章）………………………………… 11

第1章　社会政策は「総合的生活福祉保障制度体系」であるのか
　　　　　　―相澤與一の所論の検討を中心に―………………… 15

Ⅰ　はじめに：労働問題対策「から」考える社会政策論……… 17
Ⅱ　「労働＝社会政策」と「社会政策」……………………………… 19
Ⅲ　「国家独占資本主義の社会政策」としての「資本主義の社

会保障」………………………………………………………… 22
　(1)　「戦時社会政策」の方法と特徴…… 22
　(2)　「全般的危機」における社会政策の社会保障への発展…… 24
　(3)　社会保障と階級闘争…… 27
　(4)　相澤社会保障論への補足：「社会事業」の役割…… 31
Ⅳ　「ソーシャルポリシー論」への批判と「目的概念としての
　　『福祉』」……………………………………………………… 34
　(1)　イギリス流ソーシャル・ポリシー論の批判的摂取…… 34
　(2)　目的概念としての「福祉」を強調することの是非…… 38
Ⅴ　おわりに……………………………………………………… 41


第2章　社会福祉はなぜ社会政策を「補充・代替」するのか
　　　　—孝橋正一の所論を手がかりに—………………… 45

Ⅰ　はじめに……………………………………………………… 47
Ⅱ　経済学理論からの社会事業・社会福祉の対象課題規定とそ
　　れらへの批判………………………………………………… 48
　(1)　大河内一男：「大河内理論」…… 48
　(2)　孝橋正一：「孝橋理論」…… 50
　(3)　社会科学的社会事業対象規定論に対する批判：真田是・
　　　宮田和明らの「社会福祉運動論」…… 51
Ⅲ　孝橋理論における社会政策・社会事業それぞれの対象課題
　　とそれぞれの「合目的性」………………………………… 52
　(1)　「社会問題」と「社会的問題」：「労働問題」と「生活
　　　問題」…… 52

(2) 社会政策の「合目的性」と社会事業・社会福祉の「合目的性」…… 53
Ⅳ 「社会福祉運動論」からの「孝橋社会福祉政策論」批判とそれへの「こたえ」……………………………………… 60
　　(1) 真田是の「運動論的社会福祉政策論」…… 62
　　(2) 宮田和明による孝橋理論批判…… 66
　　(3) 孝橋からの再批判…… 69
Ⅴ 孝橋理論とソーシャルワーク……………………………… 71
　　(1) 社会福祉実践における主体的側面と客観的事実…… 71
　　(2) 社会福祉の「合目的性」を「逆手にとる」…… 74
Ⅵ おわりに：「社会問題」「社会的問題」「生活問題」………… 75

第3章　「現代の労働問題」としての「生活問題」と社会福祉
　　　　——三塚武男の所論の検討を中心に——………………… 81

Ⅰ はじめに：本章の前提と目的……………………………… 83
Ⅱ 諸研究における「生活問題」規定………………………… 86
　　(1) 生活問題論の主流としての機能論・現象論…… 87
　　(2) ジェンダー視点からの生活問題論…… 96
　　(3) 社会科学的生活問題論…… 98
Ⅲ 「社会問題」「労働問題」「生活問題」：孝橋理論の発展形態としての三塚理論……………………………………… 106
　　(1) 孝橋正一の「社会的諸問題」論の概要…… 106
　　(2) 三塚武男の「『社会問題』=『労働=生活問題』」論…… 110
Ⅳ 「『最小限』の『最終的』な『最低』生活保障」の意味：

　　　　「生活問題対策『のひとつ』としての」社会福祉 ………… 121
　Ⅴ　おわりに：社会福祉実践の有効化へ向けて……………… 123

第4章　「総合的生活問題対策体系」確立のための社会・労
　　　　働運動の役割 ……………………………………… 127

　Ⅰ　はじめに………………………………………………………… 129
　Ⅱ　原生的労働関係による労働者の貧困化と救貧施策………… 132
　　(1)　イギリス：19世紀前半までの状況…… 132
　　(2)　日本：19世紀後半（資本主義成立期）の状況…… 134
　　(3)　労働者の「いのちとくらし」が奪われるという状況…… 136
　　(4)　社会政策の代替策としての救貧施策…… 137
　Ⅲ　社会政策から社会保障へ……………………………………… 138
　　(1)　労働問題の発生・拡大と社会政策の成立…… 138
　　(2)　労働保護から社会保険へ：「現代の社会政策」の成立
　　　　…… 140
　　(3)　社会保険の限界と「社会保障」：「社会政策から社会保障
　　　　へ」…… 141
　　(4)　日本の社会保障の特殊性：世界史上の事実に照らして
　　　　…… 143
　Ⅳ　総合的生活問題対策体系確立の要件としての労働運動の活
　　　性化とそのための社会福祉実践・社会保障運動の役割…… 148
　　(1)　社会福祉実践の労働運動に対する補充性…… 150
　　(2)　社会福祉実践の労働運動に対する代替性…… 152
　　(3)　社会福祉実践から「社会保障運動」へ…… 154

⑷　社会保障運動と労働運動との連携……154
　⑸　連携の具体的方法……156
　⑹　総合的生活問題対策体系の内容と意義……158
　⑺　総合的生活問題対策体系確立へ向けての努力を通じての
　　　労働運動の変容……162
Ⅴ　おわりに……………………………………………………162

あとがき：謝辞にかえて………………………………………167

索　引……………………………………………………………170

# 序章

## 本書における基本的問題認識・目的と各章の趣旨

## I　基本的問題認識と本書の目的

　近年，社会福祉は「国家（国と地方自治体）の責任と費用負担による最低生活保障」から，新自由主義という政治思想のもとに，「基本的に自立した〈市民〉」が市場において「購入するサービス」へと大きく変貌を遂げた。その大変革に対してほとんどの社会福祉研究はあらがうことをせず（またはできず），むしろその政策転換に対して「お墨付き」を与えた，と言っても過言ではない。

　一方で社会福祉実践の現場は，急激な変化に対応できず苦しんでいる。そしてその苦悩を解決するための理論を社会福祉研究は提供できていない。つまり，社会福祉研究は社会科学としての自主性をほぼ完全に自らの手によって死滅させ，まさに閉塞状態にある。そして社会福祉実践もまた閉塞状態にある。何がその閉塞状態を生んだのであろうか。

　この，社会福祉の実践と研究の閉塞状態を生んだ原因を明らかにし，その打開へ向けて，試論を提示することが本書の目的である。その目的を達成するため，本書は以下の点に立つこととする。すなわち，

　ⅰ）そもそも資本主義経済社会において，複雑多岐にわたる労働問題ならびに生活問題が単一の制度によって対応されるべくもない。社会福祉は，生活問題対策の「ひとつ」である。社会福祉が「すべての国民のすべての生活上の〈ニーズ〉」に対応するべきであるかのような論理が，社会福祉の守備範囲を不明確にし，ひいては社会政策の水準・内容をも低劣なものとする効果をもつこととなる。

　ⅱ）社会福祉を含む社会保障制度の対象課題は，「個々の国民が

生活上出くわす〈ニーズ〉」ではなく，資本主義社会がその構造的必然によって生み出す「労働問題」から直接にまたは間接的に生み出される「生活問題」という，「社会問題」である。この構造的社会問題認識を欠落させたことこそが，社会福祉実践・研究を閉塞状態に追い込んだ「真犯人」なのではないか。
である。

以上の基本的問題認識について，今少し詳細に説明することとする。

### (1)「福祉」の目的概念化と「本質論」の欠落

社会福祉の実践と理論にとって今何よりも必要であるのは，「社会福祉ではなくて『福祉』」という文脈の底に流れる，「福祉」を主観的・観念的な目的概念であるとする認識を克服することではなかろうか。

そしてそのうえで，社会福祉を社会保障制度の中に明確に社会科学的に位置づけ，これを生活問題対策の一つとして，さらに具体的には生活問題対策の中で最終的な最小限の最低生活保障を担当する施策として理解することが必要とされているのである。われわれは，この認識を社会福祉の社会科学的認識と呼ぶことができる。そして本来は，この社会科学的認識のもとに組織的かつ目的意識的に行われている援助の総体だけが社会福祉実践と呼ばれ得るのである[1]。

無論，主観主義・観念主義を否定すると言っても，社会福祉に携

---

1) つまり，社会的目的を明確にしていない行為を「実践」と呼ぶことはできないということである（三塚〔1997〕p.155参照）。

わる人々の「思い」や「愛」といった主体的動機そのものを否定しているのではない。しかし,「思い」や「愛情」といったいわば「ヒューマニズム」に属する事柄は,社会福祉の主体的な契機・動機とはなり得ても,その本質ではない[2]。その主体的動機が,社会福祉に携わる人々を,社会福祉の社会科学的本質把握に向かわせなければならない[3]。

別な言い方をすれば,「『本当に自分たちのやっていることに意味があるのだろうか』と悩み,また『本質的矛盾を隠ぺいする役割を果たしているのにすぎないのではないか』と疑うところから出発(括弧種別変更＝引用者)」[4]しなければならないのである。

### (2) 「ケアマネジメント論」の跋扈

ケアマネジメントという,ソーシャルワーク・社会福祉実践のた

---

2) 孝橋〔1977〕p.171(「ヒューマニズムは社会事業への動機ではあっても,社会事業の本質ではない。社会事業の本質は,社会科学の理論によってのみ正しくその本質へ接近することができ,そこから社会事業の全現象を正しく理解することができる」)参照。
3) 孝橋〔1967〕pp.8-9(「社会事業を主観的な意図や恣意的な判断で把握するのではなく,歴史的社会の構造や運動の客観的な観察と分析,それにもとづく理論構成の把握と法則性の認識,社会的諸問題とその対策体系の分析と位置づけ等に関する社会科学的認識がなければならない。」「歴史的・社会的存在としての社会事業は,社会事業家の主観的判断如何にかかわりなく,客観的な資本主義の社会・経済法則のなかにたっているものと見なければならない」)参照。
4) 小澤〔1974〕pp.47-48。そしてこれはとりもなおさず,「『自分たちのしていることはいったい何なのだろう』という,いわば自己の『労働の質』を問う課題(括弧種別変更＝引用者)」(小澤〔1974〕p.47)なのである。

め の単なるひとつの「技術」が，あたかもソーシャルワークそのものであるかのような意識的あるいは無意識的な錯覚または誤解[5]が蔓延している。

　無論，社会福祉実践に携わる者たちの目の前にいる人々がまさに今抱える生活問題を解決するためには，その人々が利用可能であるいわゆる「社会資源」が何であるかを見極め，それらを人々に適合させていく技術が必要である。しかしこれは社会福祉の「技術」や「機能」であって，社会福祉の本質ではなかろう。「社会福祉の本質とは何か」が今，議論の俎上に上らねばならないのである。

　機能と本質とが意識的または無意識的に取り違えられ，社会福祉を必要とする人々の「労働と生活」が部分に分解されてしまい，生活の一部が改善されたことが何らかの解決であるかのような誤解と錯覚とが拡大してしまっているのではないか[6]。

　その誤解と錯覚の克服のためには，生活問題を構造的・社会科学的に分析し理解することが必要なのではないか。

### (3) 個別分断的援助技術論の克服

　社会福祉の対象を一個人が有する個人的問題に限定するゆがんだ

---

5) ソーシャルワークの「本質」である，とする議論とまでは言えないかもしれない。しかしながら，いわゆる「社会福祉援助技術論」の中では，社会福祉の本質を見極めようとする議論はきわめて僅少なのである。
6) そこには，生活条件の悪化という状況を労働条件の悪化傾向と連続的に認識する社会科学的把握など，存在し得なくなってしまうのである。

理論[7]が，何らかの支援・援助を必要とする人たちを，結果として苦しめてき，また現在も苦しめているのではないか。たとえば，社会福祉に「押しつけられた」事業内容としての「就労支援」が，どのような「成果」をあげたか，などがそれを証明する。

たとえば，ある障害者支援事業所が多くの障害者を「就労」させたというのであれば，その「就労」の内容が，現代の労働者が保障されるべき「雇用」としての内容を本当に具有するものであるのかと，本当にその仕事をしたいと当該障害者は主体的に考えたのかが，常に確認されなければならない[8]。

「当事者の状態と本人の希望にあわせた『仕事』」の名の下に，社会福祉従事者たちは，「専門職の専門性」という権威を暴力的に振りかざし，低賃金・不安定雇用労働者，否，半失業者に仕立て上げるという作業を，今まさに進行させているのかもしれないのである[9]。

---

7) いわゆる「ニーズ論」等。
8) また，現実には「働いている」障害者に対して，賃金ではない「工賃」などという非人間的な生活を強いるような金銭が支払われるなど，もはや容認されない。障害者の「就労が労務の提供と見做されず，報酬が支払われない（野村〔2010〕p.74）」という「取り扱いを社会的通念かのごとく放置しておくことには，もはや妥当性はない（野村〔2010〕p.74）」のである。
9) 木村〔2008〕p.12参照。就労支援は，近年あまり使われなくなった「社会復帰」と同根の概念であろう。社会政策と社会福祉との関係を社会科学的に把握する観点からは，社会復帰は「所詮，低賃金労働力として役に立つ部分だけを従順な労働者として社会で使ってやろうとするものであり，そのような人でさえ不況になれば真っ先に首を切られる対象でしかない」（小澤〔1974〕p.47）という40年近く前の指摘が，今あらためて評価されねばならない。

上記の基本的立脚点・問題意識から，本書では以下の論述を行う。すなわち，

　ⅰ）社会保障制度の中で，労働問題ならびに生活問題のすべてに社会福祉が対応するのでないとすれば，どのような問題（対象課題）にどのような制度体系がどのような根拠に基づいて対応するのか。そしてそもそも，「労働問題を基底的問題として生み出される生活問題」とは何なのか。これまでの主要な（重要と思われる）理論の検証（再検証，いわば「理論史」の研究）を通じてこの点を明確にする。

　ⅱ）そして，具体的には，社会保障制度内における社会政策と社会福祉（社会福祉事業）との関係はどのように把握されるべきかを，いわゆる「補充・代替説」の再評価を通じてこの点を明確にする。つまり，社会保障制度体系内で，各種制度は単に並立するのではなく，補充と代替の関係によって有機的に結合していることを明らかにする。

　ⅲ）さらに，上記ⅰ）とⅱ）を踏まえて，現代社会における「総合的生活問題対策体系」はどのようにすれば構築可能であるのか。この点について，新たな社会・労働運動の形を展望しながら提言する。

　である。

　以下，各章での論述内容をそれぞれ簡潔に紹介する。

## Ⅱ 「社会政策から社会保障へ」の歴史的必然（第1章）

　労働力の商品化，つまり，労働者の地位におかれることとなった人間がその肉体と精神そのものを商品として継続的に販売すること

を要件とする資本主義経済社会において，その体制を存続させるためには労働力を保全することが不可欠となる。社会政策は，基本的には労働力政策であり，資本主義生産体制を維持・存続させるための国家による労働力保全策である。したがって社会政策においては，労働力の価格を規制すること（最低賃金制）と労働力の消費量を規制すること（工場法）が基本的施策であり，歴史的にも工場法から始まる。

　しかし，これら労働条件そのものに対する施策だけでは，労働力は順当に再生産されない。そこで考案されたのが労働者とその家族の生活問題に対する施策，具体的には，失業保険・医療保険等の社会保険である。

　ヨーロッパで始まったこの社会保険は，第1次世界大戦後の大不況時における失業の慢性・大量化という状況にあって機能不全に陥る。しかしヨーロッパ諸国家は，資本主義経済体制を労働運動の波と社会主義という側圧から守るため，失業労働者とその家族の生活問題に対して何らかの施策を講じなければならなかった。そのために導入されたのが社会扶助と社会事業である。諸国家は，社会保険・社会扶助・社会事業を包括したものに「社会保障」という名を与え，すべての国民に最低生活を保障する約束をしたのである。

　これらのことから，ⅰ）社会保障は「国家独占資本の社会政策」と呼び得ること，ⅱ）労働問題を対象とする社会政策と生活問題を対象とする社会保障・社会福祉とは分離して把握することができないことを，主として相澤與一の所論を参照しながら明らかにする。

## Ⅲ 社会福祉が社会政策を「補充・代替」することの根拠と問題（第2章）

　相澤の理論によるならば，社会福祉が社会保障体系内にあって最低生活保障の役割を担うことは一定程度明確になるが，社会福祉が労働者（労働力）政策としての社会政策といかなる有機的関連性をもつものであるのかは，必ずしも完全には明らかにならない。

　（上記の意味での）社会政策の補充策として「社会事業」（現代における社会福祉）を位置づけたことで知られるのは大河内一男であるが，大河内と同じく社会事業を社会政策の補充・代替物であると位置づけながら大河内理論を批判した代表的研究者は孝橋正一である。

　孝橋は，大河内の「社会事業＝補充物」説は継承しながら，「社会政策＝労働力政策／社会事業＝被救恤民対策」という図式を批判した。すなわち，社会政策と社会事業の相違は，大河内のいうような対象「者」の相違にあるのではなく，同じ労働者階級に属する勤労諸国民の抱える「問題」の相違にあると考えたのである。そして，労働問題（孝橋によっては「社会問題」）から生活問題（同じく「社会的問題」）が関連的・派生的に発生すると考えた。

　細部を省略して言うと，労働者階級に属する，ある同じ勤労国民とその家族が，相互関連的な労働問題と生活問題（生活問題が労働問題から派生的に生み出される）の両方を抱えると考えたのである。

　そして，社会政策が理論的・実際的限界を有するがゆえに，社会事業はその補充物として，またときにはその代替物として機能し，

社会政策が労働力保全という目的をもって国家がその実施主体となるのであれば，社会事業もまた同様の合目的性をもつと説いたのである。

孝橋のこの理論に対しては賛同とともに激しい批判が浴びせられた。そのひとつは，孝橋理論が，社会事業・社会福祉の成立と発展の契機となる運動の役割を軽視している，という批判である。

しかしながら，孝橋は社会・労働運動の役割を全く軽視していない。そう言えるのは，社会政策を理論的限界点まで引き上げるためには社会・労働運動の力が不可欠であると，そして，運動が弱体化するとき社会政策の範囲と内容とは縮小し，社会事業が分不相応な役割を押しつけられ閉塞状態に陥ると，孝橋がこのように論じているからである。

一方で，孝橋理論によって完全に明らかにされたと必ずしも言えないのは，労働問題が生活問題を派生的に生み出すメカニズムである。

## Ⅳ なぜ生活問題を「現代の労働問題」と考えなければならないか（第3章）

生活問題は，労働問題の延長線上に確認されるとき，はじめて社会問題としての位置づけを与えられるであろう。しかし，このような確認方法は，いわゆる「生活問題論」の中では必ずしも主流ではない。むしろ，労働問題との連続性・関連性を軽視した「機能論・現象論的生活問題論」が主流であると言える。

生活問題を労働問題の延長線上にあるものと理解し，さらに進ん

で，現代においては労働問題と生活問題とは一体をなすものであると，つまり生活問題は「現代の労働問題」と呼び得るという理論を展開した研究者に三塚武男がいる。

　三塚は，まず，労働者の労働条件と生活条件とを，両方，同時に，詳細に調査し，両条件をクロスさせて調査結果を導き出すことによって，労働問題と生活問題とが一体をなすものであることを論証した。そして，この「労働＝生活問題」は，基本的には階級性，そしてさらに地域性を有することを明らかにした。

　そして対策体系としては，社会政策が基本的であり，社会政策としての社会保険と社会福祉（社会手当・社会福祉サービス・生活保護）とによって社会保障が構成され，その中で社会福祉には，「最少限の・最終的な・最低生活保障」としての位置と役割とがあると論じた。

　三塚理論を踏まえた上で課題となるのは，社会福祉の役割を，本来の「最少限の・最終的な・最低生活保障」の範囲にとどめるための方法である。今日社会福祉は，本来社会政策が担うべき役割を押しつけられ，閉塞状態にあるのである。

## V 「総合的生活問題対策体系」の内容とその確立のための社会・労働運動の役割（第4章）

　社会政策は総資本としての国家の主体的施策であるという側面と同時に，資本主義経済体制の維持・存続をその命題とする国家が，社会・労働運動の波からその体制を守るために，譲歩として行う施策であるという側面も有することが強調されるべきである。

そう考えるならば，現在，社会政策の範囲と内容とが縮小し，社会福祉が本来担うべきではない課題を負わされ閉塞状態にあることの根本的原因は，社会・労働運動の弱体化にあると考えられるべきであろう。

社会福祉が本来の任務を全うするためには社会政策が拡充されなければならない。社会政策の拡充のためには労働運動を拡充しなければならない。ところが，この肝心の労働運動が，直截に言うならば，弱いのである。

社会福祉は，社会保障制度の中の「最小限かつ最終的な最低生活保障」であるというのが本来の姿であるが，その一方で，運動的側面を特徴的に有する[10]というのもまた社会福祉の本質である。

本書では，労働運動を強化するための刺激として社会福祉運動をとらえる。

社会福祉運動が，「社会福祉に分不相応な役割を担わせるな」という告発とともに，労働運動と連帯するのであれば，生活問題対策に関する要求が不十分であったと労働運動が覚醒し，社会政策要求を強めるであろう。社会政策の理論的限界点までの拡充をみたとき，社会福祉は本来の役割に専念することができるであろう。

そして，このように社会・労働運動を再構築できたとき，はじめて，「総合的生活問題対策体系」としての社会保障制度の体系構築

---

[10] それは,「社会福祉において働くこと」が, ⅰ) 本質的には資本制的生産体制の維持・存続を目的とさせられること, ⅱ) 生活困難に直面する人々の生活・権利の回復という積極的側面, の両方を矛盾的に自らの内部に抱え，それらの両側面が合一されねばならないという理念のもとに遂行されるべきであることによる。この両者のせめぎあいが，社会福祉実践に運動的側面を付与する動力となるのである。

を展望することができるのである。

　以下，上記Ⅰより順に論じていくこととする。

〈引用・参考文献〉
　小澤勲〔1974〕『反精神医学への道標』めるくまーる社
　木村敦〔2008〕「精神障害者に対する『就労支援』施策についての考察
　　－処遇理念の『変化と継続』を認識した上での『半福祉・半就労』
　　批判－」『大阪産業大学経済論集』第11巻第1号，pp.1-17
　孝橋正一〔1967〕「現代ヒューマニズムと社会事業」『社會問題研究』（大
　　阪社会事業短期大学社会問題研究会）第17巻第3・4号，pp.3-17
　孝橋正一〔1977〕『新・社会事業概論』ミネルヴァ書房
　野村晃〔2010〕「障害者の労働権と雇用における均等待遇」『現代と文
　　化：日本福祉大学研究紀要』第121号
　三塚武男〔1997〕『生活問題と地域福祉』ミネルヴァ書房

# 第 1 章

## 社会政策は「総合的生活福祉保障制度体系」であるのか

―相澤與一の所論の検討を中心に―

〈要　旨〉

　本章においては，まず，相澤與一の用いる「労働＝社会政策」「社会政策」「帝国主義段階の社会政策」「国家独占資本主義段階の社会政策」「社会保障」「総合的生活福祉保障制度体系」「福祉」などといった概念が整理される。「労働問題」と「生活問題」の両方とも社会政策の対象から除外され得ないという考え方に基づく相澤の概念規定は基本的には同意される。

　しかしながら，「福祉」という概念は，一定程度批判的に検討される。次いで，相澤の「イギリス流ソーシャル・ポリシー論」を批判的に摂取するという立場が慎重に考察される。相澤は，「労働問題」を除外しているという点において「イギリス流ソーシャル・ポリシー論」を批判し，「生活問題」を取り込んでいるという点でこれに賛成しているのである。それらの後，現代における社会政策の概念が試験的に規定され，その概念規定は，本書第2章以下の検討課題として取り組まれようとしている社会福祉の対象課題の明確化という作業の基盤とされる。

## I　はじめに：労働問題対策「から」考える社会政策論

　イギリスなどで主流となっているいわゆる「ソーシャル・ポリシー論」などに依拠しながら，社会政策の対象課題を労働問題に限定することに異議を唱え，あるいは，労働問題を社会政策の中心的課題と考えず（または社会政策の対象課題から排除し），消費過程における問題（狭い意味での，あるいは生活の成立する基盤が資本制的生産関係であることを軽視した「生活問題」）を社会政策の中心課題であるとする議論が，現在の日本の社会政策論におけるひとつの主流となっている，と考えられよう。

　現代においては，生産過程における問題（労働問題）への対策だけが社会政策ではないが，消費過程における問題（生活問題）への対策だけが社会政策であるわけでも，無論なかろう。

　その一方で，日本の社会政策学者の代表格であり「歴史的人物」であるとも言える大河内一男の理論に代表される，かつての，いわば「古典的社会政策論」は，経済政策の一領域としての狭義の労働問題への対策のみを社会政策であると考えた[1]。

　この大河内らの説に疑義を呈し，資本制的生産関係を基盤として

---

1)　たとえば，「社会政策は，労働者問題にかかわらしめて問題をとり上げるところの，経済政策の一分肢であって，（中略）それらの諸政策の伝統的領域の中から，労働者問題としての側面のみをとり上げ，この問題を，それぞれの領域から抜き出し，資本制経済の下における労働者問題として，労働者を『労働力』（括弧種別変更＝引用者）というその客体的存在においてと同時に，また労働者およびその組織として，資本に対する主体的存在において，対象としてとり上げるところの政策なのである。」（大河内〔1980〕p.9。）等。

労働問題が生活問題へと発展させられていく史実を分析することによって，この両者は決して分断できないことを明確にし，労働問題対策としての社会政策が限界を迎えたとき，社会保険が公的扶助と融合（癒着）し，社会政策の体系内で社会保障が成立すると論じた代表的研究者のひとりは，相澤與一である。

相澤は，帝国主義段階において社会政策は労働問題対策「から」はじまり，全般的危機[2]状況下において，その当時の帝国主義社会政策が生活問題対策（相澤の言う「公的扶助」）を包括して社会保障が成立したと論じた。大河内は，少なくとも初期・中期の論説においては，労働過程における問題への対策を「社会政策」，消費過程における問題への対策を「社会保障」と，分離させて考えたわけであり，相澤理論はこの大河内理論の批判からはじまっている。

次いで相澤は，近年では武川正吾らを日本における代表的な論者とする「ソーシャル・ポリシー論」を，社会政策の課題から労働問題を欠落させる理論であるとして批判するに至り，そして近年においては，著者の主要研究領域である社会福祉についても，中心的に取り上げるところではないが（対象課題を明確にしているわけでは必ずしもないが）視野に入れた「総合的生活福祉保障制度体系としての社会政策」を提起している。

---

2) 相澤は，独占資本主義・帝国主義が発展した段階において，資本・生産過剰によって，「経済的および社会・政治的な矛盾と危機が潜在的および顕在的に先鋭となり，経済的な不況と恐慌の打撃も巨大となり，民主主義と社会改良を求める勢力の圧力も強まり，革命の脅威も増大」（相澤編〔2002〕p.25。）した状況を資本主義の全般的危機と認識している。本書でも，この認識に従い全般的危機という語を用いることとする。

本章においては，相澤の用いる「労働＝社会政策」「社会政策」「帝国主義段階の社会政策」「国家独占資本主義[3]段階の社会政策」「社会保障」「総合的生活福祉保障制度体系」「福祉」などといった概念を整理する。そして，その整理に基本的には依拠しながら，一定の批判的検討を，とくに「福祉」という概念に関して行う。さらに，現代における社会政策の概念規定を試み，あわせて，その概念規定を，今後の検討課題として本書において著者が取り組もうとしている社会福祉の対象課題の明確化という作業の基盤とする，という試みをなすこととしたい。

## Ⅱ　「労働＝社会政策」と「社会政策」

　相澤は，労働問題対策としての社会政策に「労働＝社会政策」という用語をあて（あるいは概念を用い），これを中核としながら，社会保障を包括したより広義の概念として「社会政策」という概念・用語を使用している。

　その概念規定は，「社会保障を社会政策から排除する方法をもつ社会政策論は，国家独占資本主義下の労働＝社会政策の批判的解明を現代における社会政策論研究の中心問題として設定する視点と方

---

[3]　相澤は，国家独占資本主義を，全般的危機状況下において，「資本蓄積と国民統合の体制補強による危機管理の必要が恒常化し，資本主義を擁護する危機管理システムとしてとくに国家の組織的な介入・管理も恒常化」（相澤編〔2002〕p.25）した状態にある資本主義，と定義している。本書では，この相澤の定義に従い国家独占資本主義という語を用いることとする。

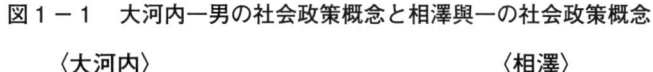
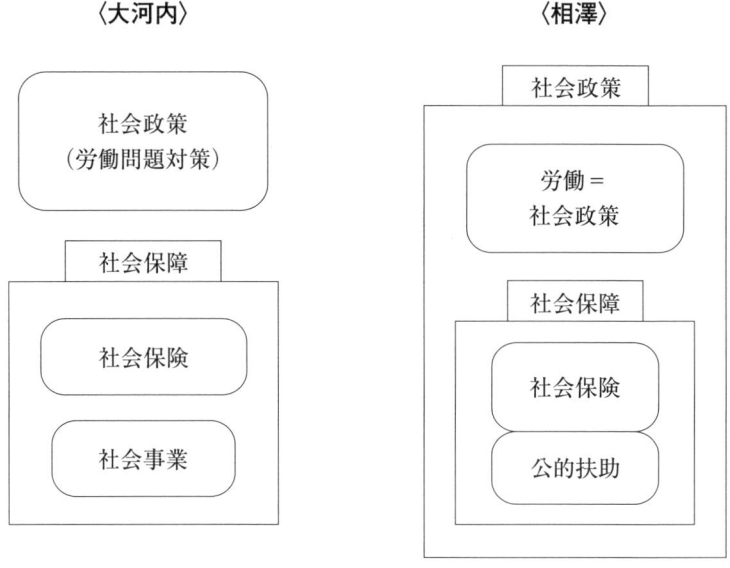

出典）著者作成

法を欠いているように思われる（傍点＝引用者）」[4]などとする，大河内，そして岸本英太郎らの理論に対する批判の中で明確に現れている（図1－1）。

そしてさらに相澤は，「社会保障問題をも現代社会政策の中心問題として積極的に取り上げ，社会政策論を資本主義体制における労働・社会問題とその国家的および国際的総括の批判的研究をつうじて各国および世界人民の総合的生活福祉保障の途を探求する学問体系に再構成しようとする立場に立つことにする」[5]と，「福祉」と

---

4) 相澤〔1974〕pp.64-65

図1−2　社会政策と社会保障とを重なり合う関係でとらえた概念整理

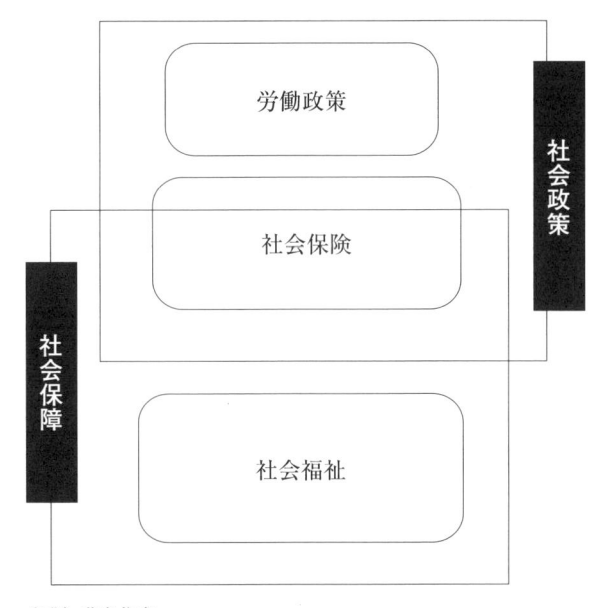

```
┌─────────────────────────────┐■
│      ┌──────────────┐       │社
│      │   労働政策    │       │会
│      └──────────────┘       │政
│ ┌────┼──────────────┐       │策
│ │    │   社会保険    │       │■
│ │    └──────────────┘       │
│ │                           │
└─┼───────────────────────────┘
■│      ┌──────────────┐
社│      │   社会福祉    │
会│      └──────────────┘
保│                           
障│                           
■└───────────────────────────┘
```

出典）著者作成

いう語も用いながら，社会政策を狭義の労働問題対策にとどまらない総合生活保障制度体系として位置づけようとする。相澤の概念規定・整理はきわめて理論的であり，示唆的である。

しかしながら，社会政策が間違いなく労働問題対策からはじまっており，その重要な部分である社会保険（労働者保険）が救貧施策を源流にもつ公的扶助と慈善事業を源流にもつ社会事業とを包括しながら社会保障へと発展し（その中で労働者保険は労働問題対策で

5）　相澤〔1991〕p.103

ある社会政策としての性格をもち続け），もうひとつの重要部分である労働政策（労働基準政策，労働組合政策）は社会政策として存続している，と考えるならば，社会政策と社会保障それぞれを互いに重なり合う制度体系と考え，社会保障の方をより広範な内容を含む制度体系であると考えることも一考に値しようかと思う（図 1 － 2）[6]。

## Ⅲ　「国家独占資本主義の社会政策」としての「資本主義の社会保障」

　ここで，相澤の理論に依拠しながら，独占資本主義の段階の社会政策が，国家資本主義段階において社会保障へと「発展」するメカニズムについて整理しておきたい。

### (1)　「戦時社会政策」の方法と特徴

　「現代」ヨーロッパの社会政策を論じる際に相澤が最も重視したのは，国家独占資本主義の歴史的特殊性という問題であろう。

　すなわち，列強帝国主義政策の結果である第 1 次世界大戦のもたらした「革命的危機」という状況において，ドイツなどは「戦時（国

---

　6）　図 1 － 2 は，本文中に述べたように，社会政策と社会保障とを互いに重なり合う関係にあると示している。そのうち，「社会保険」の一定部分が「社会政策ではあるが社会保障ではない」領域となっている。これは，たとえば現在の雇用保険制度の中に，「よく言って社会政策」，厳密には「経済政策」に分類されよう部分が少なからず存在するからである。このように，現行社会保険制度には労働者・勤労諸国民の生活保障施策とは言えない部分が含まれているのである。

### 図1−3　帝国主義社会政策における労働組合の懐柔と独占資本の労働者支配

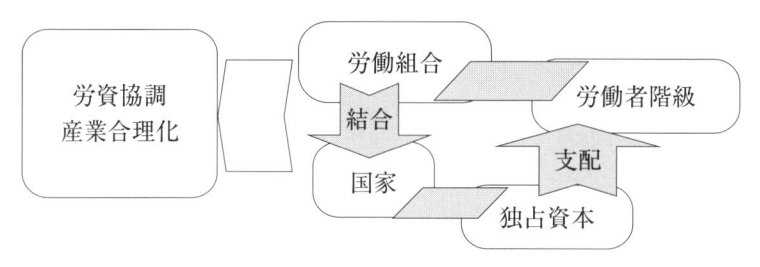

```
┌─────────┐      ┌─労働組合─┐
│ 労資協調 │      │   結合   │─────┐ 労働者階級
│ 産業合理化│      │          │      │   支配
└─────────┘      └─ 国家 ─┘─────┘ 独占資本
```

出典）相澤〔1974〕pp.18-19の記述をもとに著者が作成

家独占資本主義）社会政策」と呼べよう政策を立案・実行する。その「中核は，右翼社会民主主義幹部が指導する労働組合を積極的に承認しながら，一般的拘束力宣言と不可変性の原理をふよされる労働協約制度，およびそれと結合される調停仲裁制度などをつうじて，国家機構に編入・緊縛し，巨大化した労働組合を反革命と労資協調，賃金・労働諸条件の統制，『産業合理化』（括弧種別変更＝引用者）への組織的協力に誘導し，独占資本の再建・強化のために動員しようとするもの」[7] であった。

戦時社会政策の中心内容は労働組合政策であった。その方法はいわゆる「労働貴族」の育成などによる労働組合の国家（の各種委員会等）への「取り込み」であり，労資協調・産業合理化・労働運動の抑圧などを目的としていたとするのである（図1−3）。

さらに，このときすでに実施されていた社会保険制度に関しては，これを拡充させるとともに，「管理機構への大量の労働組合代

---

7)　相澤〔1974〕p.18

表の参加」[8] という政策が推し進められたのであるが，これらの目的も労資協調・産業合理化・労働運動の抑圧などであったとするのである。

### (2) 「全般的危機」における社会政策の社会保障への発展

1929年にはじまる世界恐慌によって，独占資本主義はいわゆる「全般的危機」を迎える。この段階においては，破滅的窮乏が国民全体へと拡大し，労働者・国民大衆は強力な労働運動を成長させはじめる。「労働者と農民の破局的な窮乏を中心として，国民的窮乏が形成され」[9]，「失業反対闘争が高揚した」[10] のである。そして「労働者大衆は右翼社会民主主義者の幹部をつきあげながら離反しはじめ，戦闘的大衆運動が成長」[11] するのである。

この段階で，イギリスなどですでに社会保険制度のひとつの中心となるまでに成長していた失業保険制度は，失業の大量発生と慢性化による保険原理の破綻によって，ほぼ完全に財政的に機能停止する。この社会保険の経済的限界の露呈によって，国家は，社会政策において社会保険に公的扶助（社会扶助）を癒着させるという方法を模索することとなる。

相澤は，これらの事情が資本主義的社会保障制度成立の前提であると論じる。すなわち，社会保障は「大恐慌によって促進された労働者階級の失業と貧困を中心とする国民的窮乏を基本的前提とし，

---

8) 相澤〔1974〕p.19
9) 相澤〔1974〕p.19
10) 相澤〔1974〕p.19
11) 相澤〔1974〕p.19

その結果生じた社会保険の破綻と公的扶助との結合・癒着を制度的前提とし」[12]たとするのである。

そして相澤は，資本主義の社会保障が「国家独占資本主義の政策体系が再生産する国民的窮乏を緩和し反体制的統一戦線の形成を阻止しようとする国家独占資本主義の社会政策（傍点＝引用者）」[13]であり，「国民大衆を国家機構に編入・包摂し，資本主義体制に包摂・緊縛しようとする」[14]ものであると結論づけるのである。

したがって相澤によると，資本主義の社会保障は，全般的危機という状況下での国家独占資本主義体制内機構のひとつである。大衆運動の発展によって，窮乏化が国家によって何らかの対策をとられざるを得ない問題へと発展すると，その対策，すなわち社会保障は，全国民的に拡大した窮乏を緩和する役割を果たすが，その本質は「社会的な国民大衆操縦手段」[15]なのである。

そしてそもそも，資本制的生産関係における「生活保障の原理は，可変資本と労働力の継続的交換にあり，国民生活の文化的最低限を一律に無条件に保障するという社会保障の国民生活保障原理は，それと原理的に矛盾する」[16]のであり，社会保障の本質は「原理的にありえぬことをする欺瞞」[17]であって，実態としては「せいぜい生存保障」[18]（生物的生存の保障）にとどまるのである（図1－4）[19]。

---

12) 相澤〔1974〕p.22
13) 相澤〔1974〕p.23
14) 相澤〔1974〕p.23
15) 相澤〔1974〕p.98
16) 相澤〔1974〕p.27
17) 相澤〔1974〕p.27
18) 相澤〔1974〕p.27

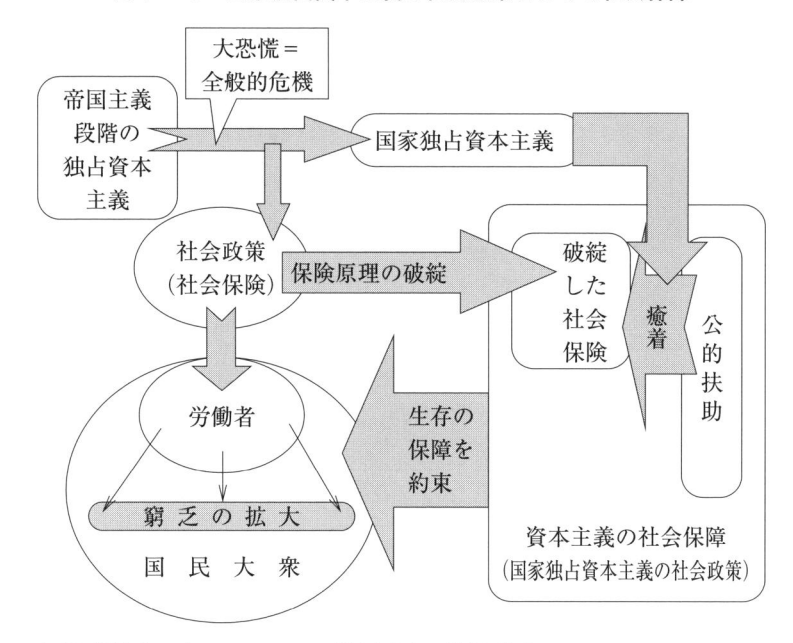

図1-4 国家独占資本主義の社会政策としての社会保障

(図)

出典）相澤〔1974〕pp.19-27, 98の記述をもとに著者が作成

　では，相澤によるならば，社会保障は「その程度のもの」でしか

---

19) この理論は，相澤の社会保障論であるとともに「福祉国家」認識でもあろう。しかし，福祉国家についてのこのような認識は，相澤の，また経済学者の「専売特許」では，実はない。精神科医・精神医学者の小澤勲は，奇しくも，相澤が『国家独占資本主義と社会政策』を著したのと同じ年に，『反精神医学への道標』を著し，その中で，福祉国家について，「社会が近代化されてくるにしたがって，体制の矛盾が暴露され，顕在化してくるのを恐れた権力者が社会問題を緩和することを目的としてたてる対策と（「福祉が」〔補足＝引用者〕）なる。つまり，労働基準法などを通じてなされる社会政策の補完物として，むしろ社会政策は切り捨てた部分に対して『恩恵』を与えるという，

あり得ないのであろうか。

### (3) 社会保障と階級闘争

　国家が資本制社会における生活保障原理に関する根本的な錯誤を意図的におかしてまで全国民に「最低生活保障」「文化的生存」を約束するのは，全般的危機段階における国民的窮乏の破局的なまでの拡大（社会政策にひきつけて言うならば失業保険制度の解体などによって労働者とその家族の生活が生物的生存まで脅かされるほどに荒廃したこと）を動因として，「民主主義と改良を強いる勢力の統一と闘争」[20]が前進するからである。

　したがって，その統一と闘争とが後退すると，社会保障における「民主主義は後退し統制的・抑圧的性格がつよまる」[21]。相澤は，自身の戦後日本の「国民皆保険・皆年金体制」に対する批判的見解[22]

---

　　手のこんだ対策でもある。そして，これらは国家独占資本主義段階に入った独占資本が一定の妥協をはかりつつ，国家を通じて体制的危機をのりきろうとする対策である。これが『福祉国家』の本質的姿である（括弧種別変更＝引用者）」（小澤〔1974〕pp.45-46）と指摘した。小澤は「稀代の天才」とも呼べよう人であるから，すべての医学者がこのような認識をもっていたとはもちろん考えられない。しかし，社会保障・社会福祉についてのこのような社会科学的認識が「変わったこと」ではなかった時代から四半世紀以上が経ち，社会福祉に関しては観念論と機能論とが再び支配するようになった現在，その理論状況の変化と社会福祉の混迷の現実とを重ね合わせて本書を編みたいと著者は考えたのである。

20) 相澤〔1974〕p.98
21) 相澤〔1974〕p.98
22) 「わが国の公的年金保険制度は，戦後では欧米にない積立方式を採用し，強制的に徴収され積み立てられる年金保険料が大蔵省資金運用部に預託され，公共事業の資金などに流用される役割を負わされた。

におそらくもとづき，社会保障における「国家資金を国民大衆から調達する機構に転化する傾向」[23]を指摘する。

しかし逆に考えるならば，労働運動の進展は，社会保障の収奪的側面を弱体化させ，「国民的窮乏を緩和し国民生活の向上を支えうる経済的改良」[24]としての側面を強化させることとなるのである。

（社会福祉を含む）社会保障の本質は資本制的生産関係の維持・存続であるが，その発展にかかる重要な役割は労働運動とそれを中心とする大衆運動が担い得ると相澤は述べた。その文脈は，社会保障という生活問題対策を国家が国民に約束しなければならなかったのは，国民一般に拡大することとなった貧困・生活困難という「状態」が大衆運動を呼び起こし，その「運動」が，「状態」を，国家によって対策が講ぜられざるを得ない「問題」へと顕在化させた（図1－5）からであるという論理展開と近似の関係にあるように思われる。

これらの科学的・本質論的な思考法は，たとえば，（社会保障体系内に位置する）社会福祉の成立要件として「社会問題」「政策主体」「社会運動」を並列させ，これらを平面的・機能的に捉えよう

---

つまり，国家独占資本主義の大企業本位の経済成長・資本蓄積促進政策の手段とされ，強い収奪性を持つものとされた（傍点＝引用者）。」（相澤〔1996〕p.40）等。また相澤は，近年の社会福祉政策の改編を，国民からの収奪を強化する「保険主義化」であると強く批判している。介護保険法の制定・施行に関する「社会福祉サービスまでもこれまで国際的慣習とされてきた公費負担方式から保険料の拠出を強制する社会保険方式に転換することを提案した」（相澤〔1996〕p.79）との批判などである。
23) 相澤〔1974〕p.99
24) 相澤〔1974〕p.105

図1－5　社会運動の発展による「状態」の「問題化」：
　　　　貧困→「貧困問題」の場合

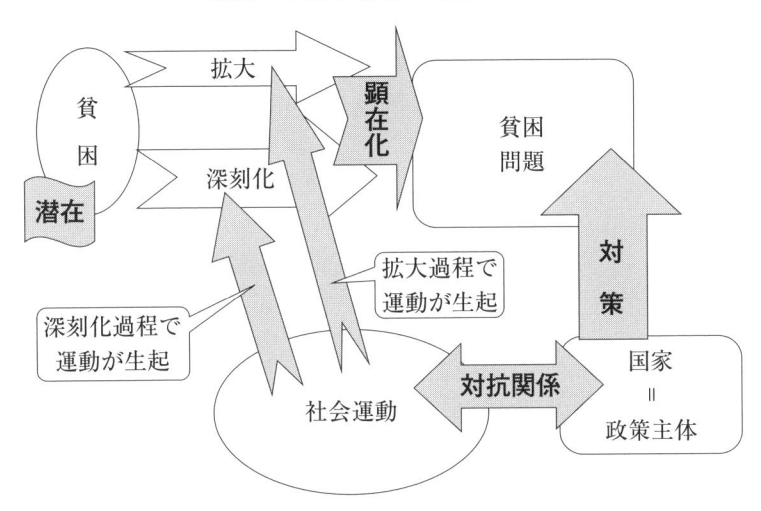

[図：貧困（潜在）→拡大・深刻化→顕在化→貧困問題。拡大過程で運動が生起、深刻化過程で運動が生起、社会運動と国家＝政策主体との対抗関係、対策]

出典）相澤〔1974〕p.105の記述などを参考に著者が作成

とする議論[25]（たとえば，真田是の言う「三元構造」（図1－6）等），または問題を「前提」として運動が生起する（まずは「問題」が存在する）[26]といった非科学的な認識を克服するためにもきわめて重

---

25)　真田〔1975b〕pp.123-124。真田らのこのような機能論的な理解に対しては，「『社会福祉』の本質を解明しないままで，各要素のバランスとその発展途上に『社会福祉』が存在させられている発想と表現はまさしく機能論の典型である。機能論とは本質のない現象論であり，その本質がないところに本質論が成立するかのように錯覚する理論体系をいうのである（括弧種別変更＝引用者）」（孝橋〔1982〕p.354）との批判がある。

26)　たとえば，「資本制生産がおこなわれていれば，客観的には社会問題は存在している。」（真田〔1975a〕p.55。），「今日の社会制度がもたらす貧困・生活問題の存在は，その圧力に抵抗して自らの生命と生活

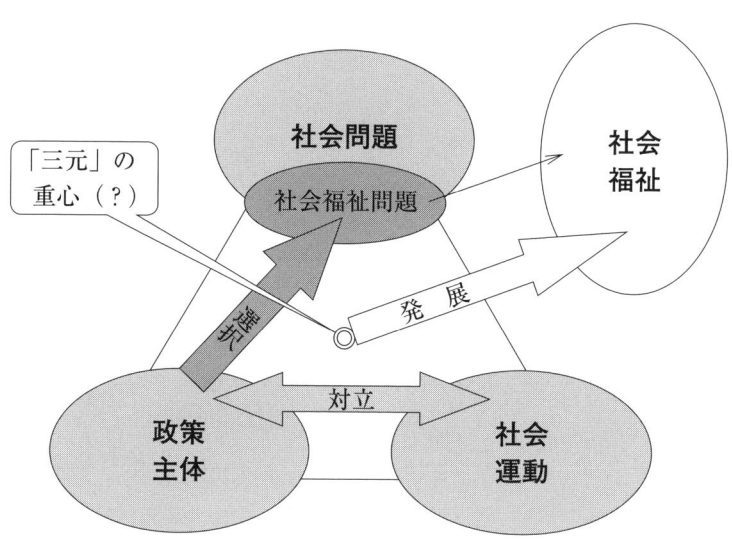

図1－6　真田是の言う「社会福祉の三元構造」

「三元」の重心（？）

社会問題

社会福祉問題

社会福祉

発展

生起

対立

政策主体

社会運動

出典）真田〔1975b〕の記述をもとに著者が作成

要であろう[27]。

　　を守ろうとする人々の運動を数多く生み出してきた。」（岩田〔1975〕p.243）など。これらの，生活問題が前提にあってそれが運動を生み出したとする論理は転倒した議論であり，正しくは，貧困や生活困難という「状態」が運動を生み出し，その「運動」が「状態」を「問題（対策課題）化」させたと考えられるべきであろう。ちなみに真田は「社会問題が現実には社会運動によって成立する」（真田〔1975a〕p.56）とも述べ，自己矛盾をおかしている。生活困難などの「状態」を「問題」，運動によって顕在化した「問題」を「社会問題」と表現しようとしたのかもしれないが，論理一貫性には欠け，非科学的と言わざるを得ない。

27)　本章の前提として，著者は，「歴史的に」社会保障制度体系内に位置づけられた社会福祉は，社会政策・社会保障全体と同様に，資本制的生産関係の維持・存続（体制補完）をその本質（「機能」ではなく

以上の相澤の理論は,「失業」によってもたらされる労働者の貧困・生活困難状態が,「失業問題」という労働問題へと発展し, さらに,「労働者の『失業問題』」が「その家族までをも担い手とするまでに発展した『生活問題』」へと進展していったと考える（労働問題と生活問題とを「つなげて」考える）ものであろうし, その意味では, 労働問題と生活問題を切断した, 対策体系においては社会政策と社会保障とを切断した, 大河内や岸本への批判である。
　また, 現代の社会保障を考える上では, 社会福祉において重要な一部分を占める公的扶助を明確にその体系内に位置づけることができるという点で, きわめて示唆的である。

### (4) 相澤社会保障論への補足：「社会事業」の役割

　しかしながら, ひとつだけ修正, というよりは補足をすべき部分がある。それは, 社会保険と「癒着」したのは「公的扶助」だけであるのか, という点である[28]。
　たしかに, 社会政策の代替物として貧民の労働力への陶冶の役割

---

「本質」）とするという見解をとっている。この見解は, 孝橋正一の「補充・代替論」（と, それへの批判としての真田是らの「運動論」, そして孝橋のそれへの再批判という一連の論争）に示唆を受けたものであるが, 孝橋の所論についての詳細にわたる検討は本章の主たる課題ではなく, 別章にゆずることとする。
28) では, 公的扶助の中に, 社会事業のうち民間慈善事業を源流とするものを含めて考えていたかというと, この点については不明である。ちなみに相澤は, 社会保険と公的扶助との癒着を「社会保険の社会事業化」であるとする理論を批判する中で,「『社会事業』（括弧種別変更＝引用者）＝公的扶助」という表現を用いている（相澤〔1991〕p.57）。

を果たした新救貧法は，全般的危機下においてその基本原理であった劣等処遇の原則を廃止し[29] 現代的公的扶助へと成長せざるを得なかった。また，その公的扶助を破綻した失業保険制度に癒着させるという方法でしか，国家は国民大衆の懐柔策としての社会政策を維持することができなかったであろう。そして，その方法を採用することなしに国家は，国家独占資本主義体制そのものを維持することができなかったであろう。

　補足をしたいのは，「社会保険と癒着し，もって社会保障を成立させたのは，新救貧法の延長線上にある公的扶助だけであるのか」という点である。

　1880年代という段階までに，すでに民間の慈善的活動は組織化・専門化され「慈善事業」として成立しており[30]，後に社会事業へと成長する基盤が形成されていたのである。そしてその慈善事業の少なからぬ部分は，20世紀に入り，1930年代までに社会政策の代替物としての「社会事業」として「成長」させられていった（公的責任性が一定程度明確にされるとともに，国家による統制下におかれるようになる，という形で)[31] と考えられるべきであろう。これらの

---

29)　1930年の「救済規制通達（Relief Regulation Order)」による（高島〔1995〕p.95)。
30)　1869年設立の「慈善的救済の組織および乞食抑圧のための協会 (Society for Organizing Charitable Relief and Repressing Mendicity)」（通称「慈善組織協会（Charity Organization Society〔COS〕)」）や，1884年創設の「トインビー・ホール（Toynbee Hall)」に代表されるセツルメント活動，1870年創設の「バーナード・ホーム（Barnardo Home)」に代表される浮浪児・貧困児救済活動などがあげられよう（高島〔1995〕pp.58-67)。
31)　この点に関して，孝橋正一は「国家扶助（公的扶助）や社会事業

事実を踏まえるならば，以下のように考えられるのではないか。

　すなわち，資本主義の危機的状況のもとで，社会保険は制度的限界を露呈させたが，その社会保険の及ばざる部分を補わされたのは公的扶助だけではなく，公的扶助と，民間の慈善的活動・慈善事業を源流にもつ社会事業の両方であった。そして戦後になって公的扶助は「社会福祉」という新たな制度体系の中に組み込まれることとなり，社会保険を社会福祉が補充するという形で社会保障制度体系が構成されることとなったのではなかろうか，である[32]。これが相澤理論に対する著者なりの補足的見解である。

　さて，本章の目的のひとつは，上記社会福祉の対象課題の明確化

---

としての社会保険（国民健康保険，国民年金）が，社会政策を補充するものとして重視される。これとともに，民間社会事業の公共性が高揚されて，公的社会事業の及ばないところを埋合わせる体制が整えられる。」（孝橋〔1977〕p.108）と述べる。ちなみに，本章と直接には関係しないが，引用文中の「社会事業としての社会保険」とは，本来社会事業であるものであってその財源が保険料（被保険者のみの＝資本負担なしの）によって賄われているものであり，引用文にあるとおり国民健康保険・国民年金をその代表とする，日本独特の制度である。本来社会事業であるものの財源が保険料に求められていることの是非に関する議論は，社会保障の体系について論じる際きわめて重要であるが，本章において直接取り扱われる課題ではなく，別章で詳述することとしたい。

32）脚注28）で指摘したとおり，明確ではないが，相澤は「公的扶助」という概念の中に「社会事業」を含めている可能性がある。しかしながら，「民間」社会事業までをも詳細な説明なしに「公的」扶助の範疇に含めることには少なからぬ問題があろう。その意味から，「社会政策が『社会事業＝公的扶助＋民間社会事業』と癒着した」と考えるべきではないか，と指摘したいのである。

のための論拠の探求である。本章において主たる検討対象としている相澤の理論は,「社会福祉」についてどのように分析したのであろうか。

## Ⅳ 「ソーシャル・ポリシー論」への批判と「目的概念としての『福祉』」

### (1) イギリス流ソーシャル・ポリシー論の批判的摂取

相澤は,イギリスのソーシャル・ポリシー論を批判的に摂取しようとする努力の中で,「福祉」という概念を用いている。制度・政策としての,そして生活問題への具体的な対策のひとつである「社会福祉」の「内容」を具体的に提起すると言うよりも,条件としての,または目的概念としての「福祉」を提起している。

批判するだけでなく「摂取」もしているのは,相澤が社会政策研究を労働問題(生産過程における問題)研究に偏らせ,そこから生活問題(消費過程における問題)研究を排除してきたことに対して批判的立場に立っていることによる。その批判的立場は,「イギリスのソーシャル・ポリシー論に関する研究がわが国の社会政策学会に提起した方法的反省の一つは,わが国の社会政策学が本質把握と研究対象の選択において生活問題,生活福祉問題をなおざりにしたということである」[33] という記述に表されている。

生活問題研究を社会政策研究の中に位置づけるために,「福祉概念」を明確にしなければならない,という認識から,相澤は木村正

---

33) 相澤〔1986〕p.126

身の所論を参照している。

　木村は,「一方では，労働（賃労働）問題・労働政策を中心に据えながらも，他方では，ひろく生活問題・福祉政策といわれている領域をも包摂しうるような，社会問題・社会政策の全体的概念を，いわば総体的認識として規定し確立することが，緊要ではなかろうか」[34)]と述べる。

　木村のこの問題提起を出発点とし，相澤は,「福祉概念は，労働条件と消費生活条件の双方にまたがる」[35)]という前提のもとに,「社会政策上の福祉」と「労働者階級と被支配国民の発達と解放に役立つ福祉」という,「二つの福祉概念」に言及する。

　すなわち，前者（政策主体の側から行われる概念規定）を「人びとの間に体制内への参加的統合感による満足の意識を醸成して体制内安定をうながすところの，ニードまたは欲求の充足手段」[36)]であるとし，後者（「対抗的な福祉」）を,「資本主義的蓄積にともなういわゆる社会的貧困化に対抗し，それを抑制・緩和する社会的・共同的な諸施策とその諸成果」[37)]であるとするのである。

　そして，その社会的貧困化は「『資本蓄積の発展にともなう資本家階級による労働者階級の支配と搾取の拡大・深化』（括弧種別変更＝引用者）を本質的契機とし，労働者階級をはじめ勤労諸階層の生活の各局面で，労働苦，雇用・生業の不安と失業・倒産や生活苦などとよばれる状態の悪化・荒廃としてあらわれる」[38)]と,「福祉」

---

34)　木村〔1975〕p.1
35)　相澤〔1986〕p.128
36)　相澤〔1986〕p.128
37)　相澤〔1986〕p.129
38)　相澤〔1986〕p.129

が必要となる最も基本的な前提を資本制的生産関係の矛盾が拡大していくところにおくのである。

それゆえ相澤は，日本の社会政策論が労働問題対策（労働基準，労働基本権の問題）の研究を中心課題としてきたことを「理論的にすぐれた方法的伝統」[39]と評価するのである。相澤によると，「イギリスのソーシャル・ポリシー論における福祉概念は，ほとんどみな消費生活に関連する含意しかもたず，わが国の社会政策論が中心にすえた労働基準の保護や労働基本権の保証など，生産関係や階級関係により直接的に関連する諸領域での権利問題をふくまず，それらを別個の問題としている（傍点＝引用者）」[40]のであり，この「イギリス流福祉概念」を無批判に受け入れることにはあまりにも問題が多いのである[41]。

さらに相澤は，武川正吾の著作を批評する中で，「社会政策論を

---

39) 相澤〔1986〕p.129
40) 相澤〔1986〕pp.128-129
41) ちなみに，相澤の主張は，現在例えば「労働偏重論」（都留〔2010〕pp.22-23等）などと批判されている，「働かざる者食うべからず」式の，「就労」していることを社会保障受給の要件とする「ワークフェア」や「アクティベーション」（ワークフェアとアクティベーションとが根本的に同じものであることは，都留〔2010〕p.24等参照）の主張とは根本的に異なる。「労働偏重論」は結果として受給者を低賃金・不安定雇用労働者化することとなる。これに対して，相澤の理論によるならば，生活・貧困問題の発生の原因が労働条件を劣悪化させる資本主義経済体制にもとめられるのであるから，まずは「人たるに値する生活」を営むことのできる雇用・労働が，意思と能力を有する「労働者階級に属する人々」に保障されねばならない。つまり，労働問題を基底におく理論であるが，それは「絶対働け」と主張するのではなく，「働けなくなる状況」を問題にしているのである。

労働政策論だけに狭めることに反対し，その枠を福祉国家をも扱えるように拡張することを主張」[42]する武川の立場に，「福祉国家」の定義をさておけば賛同する一方で，「社会学をベースとしているイギリス社会政策の研究」[43]は「労働以外の生活関係を基点として」[44]きており，そのことが，社会政策からの「雇用・労働問題の欠落を促した」[45]と主張し，ここでも，イギリス流ソーシャル・ポリシー論に対する批判的立場が貫かれている。

　勤労諸国民の生活が賃金労働によって営まれていることは言うまでもない。したがって，生活問題，具体的には生活手段の欠乏・不足，住宅問題や交通問題といった地域生活条件の荒廃[46]などは，資本制的生産関係における矛盾の拡大（最も基本的には低賃金問題）によってひき起こされている。相澤が，「資本蓄積による社会的貧困化は，資本による賃労働の支配・搾取関係の拡大・深化過程を根幹とし，とくに資本蓄積にともなう労働および生活の資本主義的社会化を媒介として，労働および生活過程にわたり社会的に国民的および国際的規模で拡大・発展するものであろう（傍点＝引用者）」[47]と述べるように，である。

---

42)　相澤〔2002〕p.54
43)　相澤〔2002〕p.60
44)　相澤〔2002〕p.60
45)　相澤〔2002〕p.60
46)　たとえば，賃金が「適正な分配水準」に近づくのであれば，都心の事業所（職場）から遠く離れた低廉な住宅しか入手できず長時間の通勤を強いられ，それがひいては交通渋滞・超過密通勤列車そしてそれに起因する事故をひき起こすという，（広い意味での）地域生活問題は一定程度解決するのであろう。
47)　相澤〔1993〕pp.203-204

そう考えるならば，社会政策から労働問題対策を排除することは，理論的側面において（歴史的事実が踏まえられていないという意味で）のみならず，実践的側面においても（労働問題から切断されて理解された生活問題への対策は，その根底に横たわる労働問題を解決しようとするものでない以上，実効性をもち得ないと言う意味で）誤りであると言えるであろう。

　以上の理由によって，「福祉」を考えるときに，その前提を労働問題におくという方法には大いに賛成である。

### (2) 目的概念としての「福祉」を強調することの是非

　しかしながら，相澤のこの理論の中でいまひとつ明らかになっていないのは，「福祉」という用語が，具体的な施策内容を意味するのか，目的概念であるのか，条件であるのか，という点である。

　すなわち，一方では，前出のように「社会的貧困化に対抗し，それを抑制・緩和する社会的・共同的な諸施策（傍点＝引用者）」であると述べながら，他方では，「人民の側の福祉，真の福祉」を「社会的貧困化の傾向と組織的・集団的にたたかい，それを抑制・緩和しながら進む労働者階級をはじめとする人民諸階層の個人的および集団的・組織的な発達とそれを保証する諸条件（傍点＝引用者）」[48] と定義するのである。

　浅学による誤解があるかもしれないが，相澤は，「福祉」を社会政策（相澤の用語によると「労働＝社会政策」）を補充するところに位置する「社会福祉」という具体的施策として理解しようとした

---

48)　相澤〔1986〕p.130

というよりは，むしろ，（相澤の言う）「社会政策」（=「総合的生活福祉保障制度体系」）全体を覆う概念として理解しようとしたのではないか。

そして，であるからこそ，ソーシャル・ポリシー論が消費生活上の問題のみを取り扱おうとし労働問題を排除しようとしたことを強く批判し，社会政策の中心課題は労働問題対策であるということをあらためて強調したのではないか。この点についても，社会政策研究の内部問題として考えるならば賛成である。

しかしながら，社会福祉研究においては，「福祉」という用語を完全に目的概念化したり[49]，「社会福祉」を社会保障・社会政策から分断し[50]，その課題を資本制的生産関係からは本質的に無関係な

---

49) たとえば，嶋田啓一郎は，「福祉」（welfare）または「人間福祉」（human welfare）という用語を，「共同社会の諸成員が共通に抱く種々の関心の最適の満足（optimal satisfaction）を追求する・政・治・社・会・の・総・合・的・目・標（傍点＝引用者）」(嶋田〔1967〕p.2）と，目的概念として定義した。また，「社会福祉」という概念についても，「組織的活動」（嶋田〔1967〕p.2）であるとはしながら，「基本的な諸欲求（basic human needs）を充足し得なくなるとき，社会の共同責任としてこれに対応」（嶋田〔1967〕p.2）するものであると，社会福祉がすべての社会的欲求に対応しうる，または対応すべきであるというような定義を行っている。この定義は，社会事業・社会福祉が社会保険と融合していく経済的・社会的必然を踏まえて現代社会福祉の対象課題を確定しようとする努力においては，非科学的なものとして批判の対象とされねばならないであろう。

50) たとえば岡村重夫は，「一般に社会福祉の『代替性』（括弧種別変更＝引用者）とよばれるものであるが，それは社会福祉にとって本来的なものではなく，異常な硬直社会における一時的な便宜にすぎない。」（岡村〔1983〕p.112）と，社会福祉の他の政策に対する代替性を，本質であるとは認めないまでも事実としては認めている。しかし，こ

「生活上のニーズ」(社会的不充足・不完全充足という意味ではなく，最低生活水準の上に位置する「要求・希望」という意味での)や「社会関係の不調和」「社会関係の欠損」「社会制度の欠陥」[51]などであるとする本質を踏まえない非科学的な論考[52]が，実はむしろ主流であるとも言えるのである。

　これらの論考における非科学性を克服するためには，「福祉」の本質的契機は「資本蓄積の発展にともなう資本家階級による労働者階級の支配と搾取の拡大・深化」であるとする相澤の理論に依拠しながらも，「福祉」を包括的概念として理解するよりは，「社会福祉」という制度政策体系を，社会政策とりわけ社会保険を補充(ときには代替)する生活問題対策のひとつと考える方法論[53]が有効なの

---

　　の点について論じる際に，「社会福祉が社会保障制度に代って金品の給付を行ったり」(岡村〔1983〕p.112)と述べているのである。これはおそらく，社会保障を金銭給付に限定した上での，社会保障と社会福祉の断絶の試みであろう。
51) 岡村〔1983〕pp.106-113
52) 岡村の対象規定，とくに「社会制度の欠陥」を社会福祉の対象として規定する論法は，一見非科学的とは思われないかもしれない。しかし岡村の言う「社会制度の欠陥」とは，制度を運営する側の「現状維持を固執したり，狭い専門的視野にとじこもって利用者の生活の主体的側面を無視するような態度」(岡村〔1983〕pp.111)，つまり制度の運営段階における硬直性の問題であって，「社会政策の限界」とは次元が異なる。対策課題が生成する論拠を探ろうとせず，制度運用実態の次元で社会福祉の対象領域を確定しようとする論法は，社会福祉の対象課題たる生活問題生成にかかる客観的な事実を分析しようという態度とは言えず，やはり非科学的現象論であると言わざるを得ない。
53) 前にも少しくふれたように，社会政策は社会福祉(社会事業)をその代替物として位置づけ，社会福祉(社会事業)は社会政策を補充(補完)し，もって社会保障制度が成立すると論じたことでよく知ら

図1－7　「福祉」概念と「社会福祉」概念

〈「福祉」概念（相澤）〉　　　〈「社会福祉」概念〉

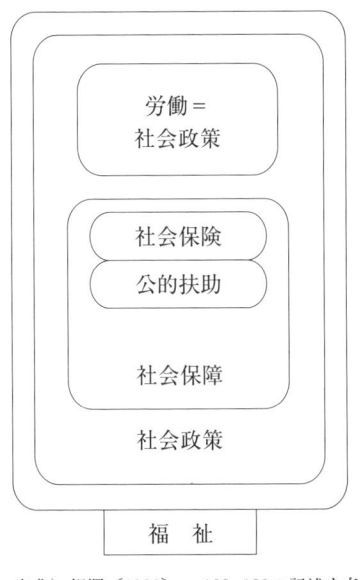

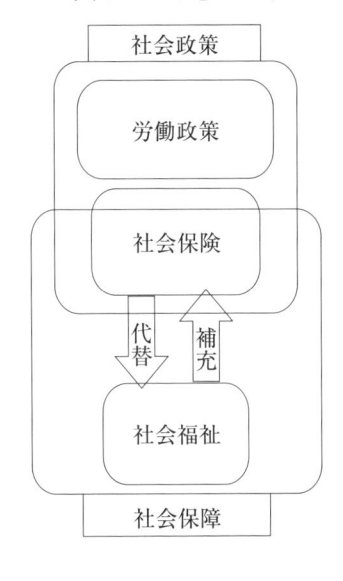

出典）相澤〔1986〕pp.128-129の記述を参考に著者が作成

ではあるまいか（図1－7）。

## V　おわりに

　社会政策を狭い意味での労働問題対策・労働力保全策であるとす

---

れているのは，孝橋正一である。本文に掲げた著者の仮説を証明するためには，孝橋の議論を再検証するという作業が必要であるが，この作業は別章にゆずられざるを得ないことも，前にふれたとおりである。

る理論を打破するために，相澤は，資本主義が帝国主義段階から全般的危機（戦間期）段階へと移行する過程における社会政策に関わる歴史的事実を実証的に分析することへと，その努力を向けた。その結果，「資本主義の社会保障」は「国家独占資本主義の社会政策」であると定義する理論を打ち立てることとなった。

そしてその自らの理論に依拠しつつ，とくに1980年代以降の社会政策から労働問題対策を排除しようとする論説を厳しく批判した。具体的には，いわゆる「ソーシャル・ポリシー論」を無批判に受容することに警鐘を鳴らし，社会政策に生活問題対策が含まれること自体は当然のこととしながらも，その生活問題の基盤には，資本制的生産関係の矛盾が拡大していくところに生起する労働問題が存在していることを再確認したのである。

さらに，これらの確認の上に立って，現代の社会政策を「総合的生活福祉保障制度体系」と位置づけるべきであると論じたのである。

さて，本書第2章以下で取り組まれなければならないのは，最終的な最低生活保障の役割を果たすべく社会保障体系内に生活問題対策のひとつとして位置付けられている社会福祉の対象課題の確定である。その課題に取り組む上で，以上の相澤理論は，

　ⅰ）社会保障は社会政策の国家独占資本主義段階における発展形態であり，

　ⅱ）その社会保障は社会保険に公的扶助が融合することによって成立し，

　ⅲ）そして，社会保障がその対象とする生活問題の基盤には労働

問題が横たわり[54]，
 iv）したがって，社会福祉の対象課題は，労働問題を基盤におく生活問題，「現代の労働問題」である，

と規定するための有力な根拠を提供し得る。

しかしその一方で，
 i ）公的扶助と社会福祉（社会事業）との関係が必ずしも明確に示されていない。
 ii）「社会政策」（=「総合的生活福祉保障制度体系」）全体を包括する概念としての「福祉」についての検討よりも，生活問題対策の一つとしての具体的な施策である「社会福祉」についての検討をより深めるべきではないか。
 iii）さらに，より根本的には，社会政策ではなく社会保障を「総合的生活福祉保障制度体系」または「総合的生活問題対策体系」として位置づけるという考え方が採用される余地はないか[55]。

などという点に，さらに検討されるべき余地を残しているであろう。

---

54) 「生活問題」と「労働問題」とは常に関連・連続しているのである。その意味で，煎じ詰めた言説法を用いるならば，「生活問題」は「現代の労働問題」とも称しうるのである。
55) このような疑問を解決することが今後の課題として著者に残るのは，社会政策から狭義の労働問題対策（労働基準，労働組合政策）を除いた部分を社会保障の中に統合させて考え，その社会保障を「総合的生活福祉保障制度体系」であると考えても，その考え方を「生活問題と労働問題とを切断した理解」であると断ずることは必ずしもできないのではないか，と考えられるからである。

〈引用・参考文献〉
相澤與一〔1974〕『国家独占資本主義と社会政策』未来社
相澤與一〔1986〕「『ソーシャル・ポリシー』概念の批判的摂取の一作業」『商学論集』（福島大学経済学会）第54巻第3号，pp.110-134
相澤與一〔1991〕『社会保障の基本問題』未来社
相澤與一〔1993〕『社会保障「改革」と現代社会政策論』八朔社
相澤與一〔1996〕『社会保障の保険主義化と「公的介護保険」』あけび書房
相澤與一〔2002〕「武川正吾著『社会政策の中の現代―福祉国家と福祉社会』」『大原社会問題研究所雑誌』第522号，pp.54-64
相澤與一編〔2002〕『社会保障構造改革―今こそ生存権保障を―』大月書店
岩田正美〔1975〕「日本の社会福祉運動」一番ヶ瀬康子・真田是編『社会福祉論（新版)』有斐閣，pp.243-253
大河内一男〔1980〕『社会政策（総論）〔増訂版〕』有斐閣
岡村重夫〔1983〕『社会福祉原論』全国社会福祉協議会
小澤勲〔1974〕『反精神医学への道標』めるくまーる社
木村正身〔1975〕「労働条件と福祉条件―社会問題の総体的認識のために―」『香川大学経済論叢』（香川大学経済学会）第47巻第4・5・6号，pp.1-20
孝橋正一〔1977〕『新・社会事業概論』ミネルヴァ書房
孝橋正一〔1982〕「『社会福祉』運動論への再批判」孝橋正一編著『現代「社会福祉」政策論』ミネルヴァ書房，pp.353-374
真田是〔1975a〕「社会福祉と社会運動」一番ヶ瀬康子・真田是編『社会福祉論（新版)』有斐閣，pp.55-64
真田是〔1975b〕「社会福祉と社会体制」
　一番ヶ瀬康子・真田是編『社会福祉論（新版)』有斐閣，pp.123-133
嶋田啓一郎〔1967〕「社会福祉と社会体制―社会科学的方法論の探求―」『人文学』（同志社大学人文学会）第97号，pp.1-31
高島進〔1995〕『社会福祉の歴史―慈善事業・救貧法から現代まで』ミネルヴァ書房
都留民子〔2010〕「『ワークフェア』は貧困を解決できるか？　第1回―『労働神話』を見直す」『賃金と社会保障』第1524号，pp.20-27

# 第 2 章

## 社会福祉はなぜ社会政策を「補充・代替」するのか

―孝橋正一の所論を手がかりに―

〈要　旨〉

　本章の目的は，前章で一定程度明らかになった「社会保障の本質」規定をもとに，その中で決定的な役割を果たす「社会福祉の本質は何か」について一定の見解を示すことであり，その見解をもとに，「社会福祉の対象」を明確にすることである。

　近年，社会福祉政策が大きく変質する状況において，社会福祉給付を受ける人々の呼び名は，「受給者」から「対象者」へ，そして「利用者」へと変更されてきた。しかし，その呼び名の変更は，社会福祉給付を受ける人々の生活状態を好転させたのではなかった。つまり，近年の社会福祉政策は人々の「よりよい生活」に必ずしも貢献しなかったのである。その状況にあって著者は，人々の「よりよい生活」に貢献するために，言い換えれば，現在の社会福祉政策を修正するために，「社会科学的社会福祉政策論」が必要であると考えるのである。以上が，本章の目的を設定した理由である。

　現代における社会福祉の対象の明確化という目的を達成するため，まず，大河内一男，孝橋正一による経済学の立場からの社会福祉の対象規定が説明される。その後，基本的には孝橋の理論に依拠しながら，それらの規定に対する社会学的・機能論的・運動論的立場からの主張が批判的に説明される。そして最後に，孝橋理論がソーシャルワークの実践に適用されるときに浮かび上がる課題について説明される。

## I　はじめに

　本章は,「社会福祉の本質とは何か」について, 著者なりの一定の見解を示し, そのことをもとに「社会福祉の対象課題」を著者なりに明確化することを目的とする。

　先行研究をレヴューする中でわれわれ研究者が気づくのは, 戦後において, 社会福祉（かつての「社会事業」）の本質論, または本質論的対象課題論を社会科学的に展開した研究者がきわめて数少ないという点である。

　近年の, 社会福祉政策が大きく変質していく状況下で, 社会福祉給付を受ける人々は,「受給者」から「対象者」へ, そして「利用者」へとその呼び名を変更させられてきたが, いずれにしても, 彼ら彼女らの状況が決して好転していないことだけは事実であろう。この,「よくならない現実」に対して, 少なくとも結果としては, 社会福祉研究者は有効な理論を提起し得なかったのではないか。そしてそのことは, 社会福祉研究が具体的援助の方法技術論的研究に偏り, 本質論・対象課題論を軽視してきたことによるのではないか。そのことから, 現在のゆがめられた社会福祉政策を修正していくためのいわば「社会科学的社会福祉政策論」が現在必要とされているのではないか, と考えるのである。これが本章において上記目的を設定した理由である。

　現代における社会福祉の対象課題の明確化という目標に接近するため, まず, 次節で, 大河内一男, 孝橋正一両氏による, 経済学理

論からの社会事業・社会福祉[1]の対象課題規定と，それらの理論への社会学的・機能論的・「運動」論的立場からの批判とについて略述することとする。

## II 経済学理論からの社会事業・社会福祉の対象課題規定とそれらへの批判

### (1) 大河内一男：「大河内理論」

戦後の早い段階ですでに社会事業の本質に論究していたのは大河内一男である。大河内は，「社会事業の概念規定もまた古くから論ぜられ，而も依然として何らの結果にも到達していない（旧仮名づかいは現代仮名づかいに変更＝以下同）」[2]としながら，社会政策との相違からその本質規定を試みた。すなわち，まず，「社会政策が社会事業と根本的に異なる点は，前者が右の『庶民』（括弧種別変更＝引用者〔本節において同〕）の福祉をば，まさに労働者として，あるいは厳密にいえば，生産者として捉えようとする点に存している。

---

1) 「社会事業」「社会福祉」「社会福祉事業」という用語の使い分けであるが，まず大河内は，少なくともいわゆる「後期理論」以外では「社会事業」という語を用いている。孝橋は，基本的には「社会事業」を用いながら，「福祉」という曖昧模糊たる語を説明なく使用することに警鐘を鳴らしておくことを前提に，「社会福祉」を「社会事業」の同義語として用いることを認めている（孝橋〔1977〕pp.166-169）。本書では，現代においてもっとも多用される「社会福祉」を基本としながら，文脈に応じて「社会事業」「社会事業・社会福祉」「社会福祉・社会事業」を併用することとするが，それらはいずれも同義語として用いる。

2) 大河内〔1954〕p.268

(旧字体は新字体に変更＝以下同)」[3]と説明した上で，社会政策における「要救護性」(対象課題)を「生産者としての資格，その側面における要救護性」[4]とし，社会政策を「経済の平常的な循環を円滑に遂行するための総体としての資本の合理的手続き」[5]と規定した。

そして，社会事業について，「要救護性がその対象の個々の純個人的な原因に根差していると主張するのではない」[6]とその対象課題の社会性に着目しながらも，社会事業の「要救護性」を，「生産者たる資格との関係において問題とせられるのでなく，それ以外の資格において採り上げられるのである」と述べた上で，「国民経済的聯繋から切断されて在ることが同時に社会事業の対象としての要救護性を創り出すという関係である」[7]と，社会事業・社会福祉の対象課題を生産関係における問題，すなわち狭義の労働問題から切断したのである。

そしてさらに，社会事業の対象課題を，「資本制経済との優れた意味での聯繋を断たれ，社会的分業の一環たることを止めた場合における経済的，保健的，道徳的，教育的等の要救護性であり，この意味で，それは資本制経済の再生産の機構から一応脱落した謂わば経済秩序外的存在」[8]であると規定した。つまり，社会事業の課題は，生産過程・生産関係における問題とは直接には関係しないと規

---

3) 大河内〔1954〕p.269
4) 大河内〔1954〕p.269
5) 大河内〔1954〕p.270
6) 大河内〔1954〕p.270
7) 大河内〔1954〕p.271
8) 大河内〔1954〕p.272

定したのである。

### (2) 孝橋正一：「孝橋理論」

　大河内の所論に対して，これを「批判的にのり超えようとした」[9]のは孝橋正一である。孝橋の批判は，大河内が社会事業の対象を労働問題から切断しようとした点に向けられた。

　すなわち，まず，「資本主義制度の構造的運命に直接的にかかわっている社会的困難」[10]，つまり資本制的生産関係から直接に発生する問題を「社会問題」と規定した。そして，その社会問題に「重ねて，あるいはそれに関連しまたはそのことの結果として，関係的に派生してきて，それが社会的人間の典型としての労働者（＝国民大衆）にその担い手を見出すところの，第二次的な社会的困難」[11]，つまり資本制的生産関係から直接に発生する問題から副次的に生み出される問題に「社会的問題」という呼称を与えた。いわゆる「労働問題」を「社会問題」と，いわゆる「生活問題」を「社会的問題」と定義したのである。

　そして，「社会問題への社会的対応は社会政策，社会的問題への社会的対応が社会事業となるが（中略），後者は前者への補充的施策として存在している」[12]と述べた。社会事業が社会政策を補充すると述べた点は大河内と似通っているが，社会政策と社会事業とは対象者を異ならせるのではなく，同じ労働者・勤労諸国民を対象と

---

9）　孝橋〔1982〕p.363
10）　孝橋〔1972〕p.34
11）　孝橋〔1972〕p.35
12）　孝橋〔1972〕p.39

しながら，その対象課題を異ならせるのであると論じ，大河内に対して批判的立場をとったのである。

### (3) 社会科学的社会事業対象規定論に対する批判：
### 真田是・宮田和明らの「社会福祉運動論」

　上述の孝橋の所論に対して，真田是，宮田和明らの，「(社会福祉)運動論」者と呼ばれている研究者たちは，「社会政策についての大河内のとらえ方を社会福祉にまで充当している」[13]「孝橋氏の社会事業の『必然性』とは（中略）正しい意味での・生・産・関・係・的・必・然・性・ではなく，・生・産・力・的・＝・経・済・主・義・的・必・然・性・として措定されてい」[14]ると，また「社会事業の本質を社会政策とともに『賃金労働の順当な生産と再生産』のための前提条件としての側面でのみ一面的に規定する消極性に帰着している」[15]などと批判した。これらの立場は「運動論的立場」などと呼ばれ，この立場からは，孝橋理論が，社会福祉をいわば「(資本制的経済〔生産〕) 体制補完物」の位置に押し込めてしまうものであるとして批判されたのである。

　しかしながら，後に真田，宮田らの説を引きながら詳述することとするが，運動論が本質論ではないことは運動論者も認めているところなのである。したがって，本章が設定する社会福祉の本質解明への接近という目的を達するためには，「社会福祉の本質を明らかにしようとつとめた数少ない『社会福祉政策論』」，すなわち孝橋の理論が参照される必要が，当面ある。

---

13)　真田〔1979〕p.234
14)　真田〔1979〕p.234
15)　宮田〔1979〕p.191

そこで，基本的には孝橋理論に依拠するという設定上，孝橋の社会福祉対象課題規定の検証は上述のみでは不十分であり，次節で詳述する。そしてさらにその孝橋理論に対する運動論からの批判と再批判の内容の検討を加えるという形で，論をすすめることとする。

## Ⅲ 孝橋理論における社会政策・社会事業それぞれの対象課題とそれぞれの「合目的性」

### (1)「社会問題」と「社会的問題」：「労働問題」と「生活問題」

一般に「労働問題」と称されよう問題を，孝橋は「社会問題」と称した。これは，資本制的生産関係から「直接に」生み出される問題であり，その中心は賃金労働の再生産過程において生み出される問題，より具体的には低賃金問題である。「賃銀問題，したがって労働問題の本質的意義は，このように社会の機構的＝構造的課題を集中的・典型的に，すなわち基礎的・本質的に表現しているところに存在している」[16] と，「社会問題」が社会的諸問題の中で最も基本的な問題であるとしたのである。たとえば，「労働問題がまぎれもなく社会問題として社会的諸問題のうちでもとりわけ重要な構造的地位をしめている」[17] などと述べているようにである。

そして，その「社会問題」に「重ねて」，資本制的生産関係に由来するという点ではそれと同様であるが，派生的・関連的に生み出される問題を，孝橋は「社会的問題」と称した。初期（1950年代）の論説においてこれは「社会病理問題」「社会的変態的諸現象」な

---

16) 孝橋〔1954〕p.9
17) 孝橋〔1954〕p.10

どとも称され，非行，犯罪，遊蕩，怠惰などがその内容である[18]。

資本主義制度に貫徹させられる経済法則が労働者階級に窮乏化をもたらし[19]，この「貧窮を規定とする社会的困難」[20]（「社会問題」）が，上記「社会的な変態的諸現象の因果の環をむすんでいる」[21] としたのである。そして，これら「社会問題」と「社会的問題」の合計，すなわち，直接／間接，あるいは基本的／派生的を問わず資本制的生産関係の矛盾の拡大が引き起こす問題すべてに，孝橋は「社会的諸問題」という呼称を与えた。

## (2) 社会政策の「合目的性」と社会事業・社会福祉の「合目的性」
### ① 社会政策の「合目的性」：労働力の順当な再生産

大河内は，「労働者問題なるものが，資本制経済の発展の一定の段階に至って登場し来るものであり，資本制経済そのものの安定と発展のためにかえってこの労働者問題の解決が，自己の体制保持のための絶対条件となる（傍点＝引用者）」[22] と述べ，社会政策が「経済政策の一分肢」[23] として資本制的生産体制の維持・存続にとって合目的的であるべきことを強調した。

孝橋が，社会政策を「資本主義制度の恒久持続性を前提として，労働者を賃金労働者として順当に生産・再生産するために，労働条件の基本問題をめぐる労資闘争の課題を，社会目的にとって合目的

---

18) 孝橋〔1954〕p.6参照
19) 孝橋〔1954〕p.5参照
20) 孝橋〔1954〕p.6
21) 孝橋〔1954〕p.6
22) 大河内〔1980〕p.11
23) 大河内〔1980〕p.9

に処理しようとする国家の政策」[24]と定義したことは，まさしく大河内理論の継承であると言えよう。

　大河内によっても，孝橋によっても，社会政策の本質は，少なくともその主体たる国家の側からは，資本主義経済体制を恒久持続させるための労働力保護政策であると理解されたのである。

### ② 社会事業・社会福祉の「合目的性」：体制補完物としての社会事業・社会福祉

#### a）社会事業の「補充性」

　一方で，社会事業・社会福祉（以下本項において「社会事業」）の政策目的に関する理解は，大河内・孝橋の双方で大きく異なる。

　本章Ⅱ-(1)で略述したように大河内は，「社会政策の対象としての生産者たる資格」という表現にみられるように，社会政策の対象を「生産者たる労働者」と規定した。そしてその労働者・労働力の個別資本（「個別経済」[25]）による濫用を防ぐことが「機械に対する注油や掃除によって，その『濫用』を防ぐことが，機械取扱上『合理的』である（括弧種別変更＝引用者）」[26]と同様に重要であり，その濫用を防ぐための総資本（国家）による個別資本への規制が社会政策であると考えた（図2-1）。そして，社会事業の対象者は社会政策の対象者である労働者・労働力ではなく，上でも引いたように「資本制経済の再生産の機構から一応脱落した謂わば経済秩序外的存在」であると考えた。

　しかしながら，では社会事業は資本制的生産体制の維持・存続を

---

24)　孝橋〔1963〕p.12
25)　大河内〔1954〕p.209
26)　大河内〔1954〕p.209

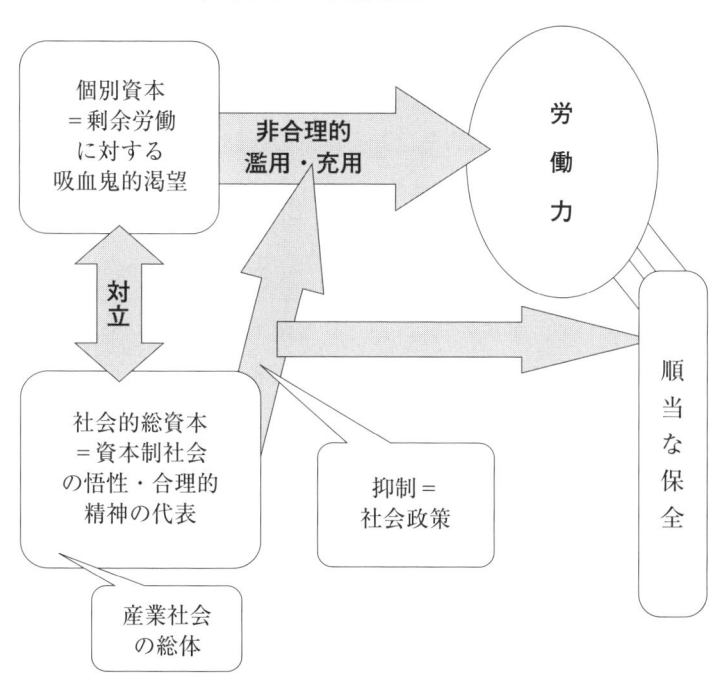

図2-1　大河内理論における個別資本の労働力濫用と
　　　　社会政策との関係整理

[図：個別資本＝剰余労働に対する吸血鬼的渇望 → 非合理的濫用・充用 → 労働力；社会的総資本＝資本制社会の悟性・合理的精神の代表（産業社会の総体）と対立；抑制＝社会政策；順当な保全]

出典）平田〔1957〕pp. 144-145の整理をもとに著者が作成

目的とするものではないと考えたのかというと，そうではない。

　すなわち，「その要救護性を処理することによって，対象をはじめて社会政策的要保護性たらしめるのであり，経済秩序外的存在を経済的存在たらしめるのである。」[27]と，そして「貧民としての要救護性を生産人としての社会政策的保護性に切り換えてゆくところ

---

27)　大河内〔1954〕p.274

にその特質をもっている。」[28] と述べるように，社会事業がいわば間接的に資本制的生産体制にとって合目的的であり，具体的にはいわゆる窮民を労働力に陶冶していくところにその目的があることを強調したのである。

そしてさらに，「社会事業は社会政策の周囲に働き，社会政策の以前と以後とにその場所をもつ」[29]「社会事業は社会政策の周辺からこれを強化し，補強する」[30] と述べ，社会事業の社会政策に対する補充性を主張したのである。

これに対して，孝橋の理論は，「社会政策の対象が"労働者"であるのに対して，社会事業のそれが"被救恤的窮民"であるという伝統的見解は，理論的・実践的に誤謬である」[31] と，大河内の対象者の相違による区分をまず批判する。しかし，「社会政策としての最低賃金制度や健康保険，失業保険，厚生年金保険制度を補充する生活保護や国民健康保険，国民年金の各制度から婦人労働保護政策（社会政策としての労働基準法）を補充する保育所」[32] などと例をあげながら，社会事業の社会政策に対する補充性を主張したことそのものは大河内と同様であった。

大河内との相違はその「補充」の根拠である。孝橋は，社会事業の対象課題である「（孝橋の用語である）社会的問題」を，労働問題（「社会の構造的課題の基本的・典型的表現」[33]「社会の基礎的・

---

28) 大河内〔1954〕pp.274-275
29) 大河内〔1954〕p.273
30) 大河内〔1954〕p.273
31) 孝橋〔1972〕p.26
32) 孝橋〔1972〕p.18
33) 孝橋〔1972〕p.40等

図2-2 孝橋理論における「社会問題」「社会的問題」「社会政策」「社会事業」の関係整理

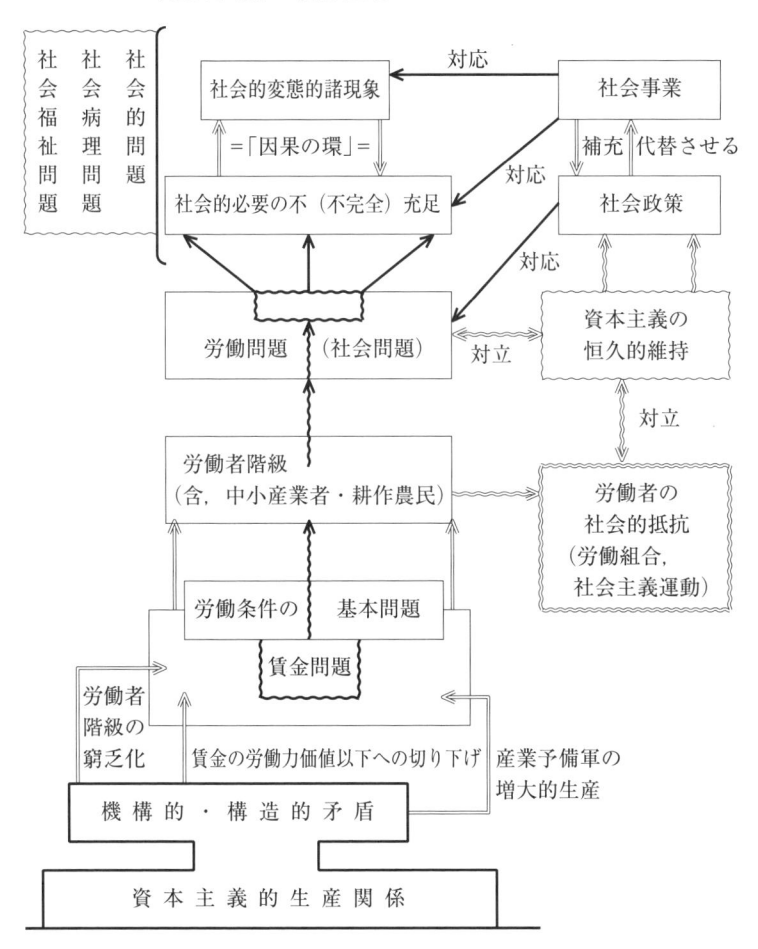

出典）孝橋〔1954〕を参考に著者が作成

本質的課題」[34]）と無関係に発生する問題ではなく,「それに重ねて,あるいはそれに関連して,またはそのことの結果として,関係的に派生」[35] するところの「社会的人間の典型としての労働者（＝国民大衆）にその担い手を見出す」[36] 問題であると,つまり,労働問題と同様に労働者・勤労国民の抱える問題であるとまず規定した。

そして,社会政策は「平均利潤率の限界内でのみ」[37] 行われ得るという限界性を有するのであり,労働者の抱える「社会問題」のうち,孝橋の言う「社会的問題」（「社会病理問題」）という資本制的生産体制の維持・存続にとっての「関係的・派生的課題」[38] については社会政策は対応できない。そこで,社会事業が社会政策を補充すると考えたのである（図 2 - 2）。

つまり,「社会問題」（労働問題）が資本主義経済体制において基本的・直接的であると同時に,その「社会問題」に対する対策たる社会政策もまた,社会保障制度体系の中で基本的政策体系であると考えたのである。

### b) 社会事業の「代替性」

さらに,孝橋理論が大河内理論とより大きく異なるのは,社会事業を社会政策に対する単なる補充策であると理解したのではないという点である。すなわち,「社会政策のある種の部分を,社会諸問題のいま一つの他の形態（社会的問題）に対応する社会的措置,す

---

34) 孝橋〔1972〕p.40等
35) 孝橋〔1972〕p.35
36) 孝橋〔1972〕p.35
37) 孝橋〔1972〕p.43
38) 孝橋〔1972〕p.42

なわち社会事業の領域に委ねる」[39]と，社会事業の社会政策に対する代替性をも強調したのである。では，孝橋によれば，なぜ社会政策は社会事業にその本来の任務までをも代替させようとするのか。

社会政策は，大河内によっても孝橋によっても，総資本による個別資本に対する規制，すなわち個別資本の譲歩である。健康保険や厚生年金保険の保険料拠出が（労働者にとって）最低でも労使折半，労働者災害補償保険においては全額事業主負担であることを引き合いに出すまでもなく，社会政策の拡充は少なくとも短中期的には個別資本の利潤を減少させる。

一方で，社会事業，現代においては社会福祉と一般に呼ばれる施策の費用は原則として公費である。つまり個別資本の直接負担がない。近視眼的な個別資本の立場からすれば，社会保障制度体系内で社会政策の比率が減少し社会事業のそれが増大することが，蓄積にとって好都合である。したがって，「労働者階級の組織的勢力による社会保障獲得闘争」[40]は基本的には社会政策の，とくに社会政策としての社会保険（労働者保険）の拡充に向けられる。これは，言い換えれば，社会政策としての社会保険の社会的必然は労働・社会運動の発展を根拠とするという説明であろう[41]。

そして「労働運動のこのような圧力に対して，資本は一定の利潤率の確保を限度として—理論的にはその限界まで，実際的にはそれ

---

39) 孝橋〔1972〕p.44
40) 孝橋〔1972〕p.268
41) 日本において，米騒動が健康保険法等の制定の動因となったこと，ヨーロッパにおいてロシア革命に影響を受けた社会・労働運動の発展が社会保険を拡充させる必然を国家に認識させたこと等を，孝橋は念頭においているのであろう。

以下の水準で—譲歩の承認を迫られる」[42]のである。したがって，労働・社会運動が組織的に展開することがなければ，社会政策は後退し，社会保障制度の中で社会事業が社会政策を代替させられるという関係は拡大するのである。これが社会事業の代替性についての孝橋の説明である。

つまり孝橋は，社会事業の補充性についてはともかく，代替性についてはこれを肯定的に評価しているのではなく，社会保障全体の発展のためには，労働・社会運動の圧力によって社会政策が拡充し，社会事業が社会政策の代替物であるという関係が縮小していくことが重要であると論じたのであろう。その意味で孝橋は，社会科学的に社会政策と社会事業の対象課題を分析する中で，まさに「社会保障運動論」を展開したと言えるのではないか[43]。

では，次節で検討する「(社会福祉) 運動論」の立場に立つと考えられている研究者たちからの「孝橋理論は社会運動の役割を軽視している」という批判は，いかなる文脈で生まれてきたのであろうか。

## Ⅳ 「社会福祉運動論」からの「孝橋社会福祉政策論」批判とそれへの「こたえ」

社会福祉においては社会運動の役割が重視されるべきであるとい

---

42) 孝橋〔1972〕p.269
43) 労働運動による労使の勢力関係の変化によって社会政策の範囲が変化すると論じたのである。実に，社会政策の内容・水準は「労使関係をうつす鏡」である。社会政策の拡充は搾取量の減少そのものなのである。

う立場，すなわち，孝橋理論は社会運動の役割をあまりにも軽視していると考える立場から，前章までに述べてきた孝橋の社会福祉政策論には批判的検討がなされた。

運動論的立場に立つ研究者としては，一番ヶ瀬康子，真田是，高島進，宮田和明らを列挙することができる。運動論は，その当事者のひとりである宮田が述べるとおり，「統一された理論体系として完成されているわけではな」[44]く，論者によってその論理の性質は相当程度に異なる。

仮に，孝橋の「一般的な意味での社会問題」の出自を資本制的生産関係の矛盾にもとめようとする社会福祉政策論の立場を，「経済学的」かつ「本質論的」立場とするならば，社会福祉の対象となる社会問題の出自を多種多様な社会的文脈にもとめようとする社会福祉運動論（「新政策論」）は「社会学的」かつ「機能論的」立場と規定することができよう。

宮田和明は，一番ヶ瀬康子，高島進，真田是の3人を「『運動論』的な立場から（括弧種別変更＝引用者〔本節において同〕）」[45]研究をしてきた「三人の主要な論者」[46]としているが，この3人に宮田自身を加え，4人が運動論を代表する論者と言えるであろう。4人のうち，孝橋理論をとくに厳しく批判したのは，真田・宮田の両氏である。以下，両氏からの批判内容を説明し，批判に対する著者の見解を示すこととする。

---

44) 宮田〔1979〕p.206
45) 宮田〔1979〕p.183
46) 宮田〔1979〕p.163

(1) 真田是の「運動論的社会福祉政策論」
　①「運動論」
　真田は,孝橋の社会福祉政策論を,「資本の政策が関係する領域は資本の政策意図で水も洩らさぬように打ち固められた一枚岩の体系とみなされ,政策としての『本質』とは,この水も洩らさぬ一枚岩の体系を意味するものにされてしまっている」[47]と,孝橋理論への批判を,それが社会福祉政策に資本制国家の政策意図以外のものは関係することができないと論じているという理解の下に展開している。

　真田が,資本制国家の政策意図以外で,社会福祉政策のあり方を決定づけるものとして重要であると考えたのは,「運動」である。すなわち真田は,孝橋理論によるならば「セツルメントや国家の制度的承認を受ける以前の保育所や朝日訴訟・堀木訴訟・藤木訴訟などの運動は社会福祉の領域外に放逐され,宙に浮かされることになる」[48]と考えたのである。そして,「孝橋氏の『政策論』では,これらのものは,『政策』と『運動』は次元を異にするとあしらわれるだけだが,それでは,現に存在してきたこれらのものの行方はどうなるのか」[49]と述べ,社会福祉の発展において現に運動が果たしてきた役割を無視していると孝橋を批判している。

　孝橋理論は,決して運動の役割を軽視していない。孝橋と真田の相違としては,まず,孝橋が社会事業・社会福祉を,社会保障制度という社会・生活問題対策全体の中で最低生活保障としての役割を

---

47) 真田〔1979〕p.235
48) 真田〔1979〕p.235
49) 真田〔1979〕p.235

社会政策の補充物として存在しながら果たすものであると考えたのに対して，真田は，社会福祉の対象課題である「社会問題」の定義を曖昧模糊たるものにすることによって，社会福祉が「すべての社会問題」に対応できるがごとく理解した[50]という点がある。

そして，孝橋が社会・労働運動の発展はとくに社会政策の進展の契機となり，そのことが全体として社会保障制度を進展させると考えたのに対して，真田は，運動の発展が直接に社会福祉を成長させるとくに重要な要素のひとつであると考えたのである。

真田の批判は当を得ていない。なぜならば，真田は，保育拡充運動が「保育を」拡充させたこと，あるいは生活保護闘争である朝日訴訟が「生活保護基準」を引き上げた等という，「社会福祉運動が社会福祉そのものを拡充させたこと」を評価しているようであるが，より重要であるのはその点ではない。保育拡充運動が保育労働者の労働条件を一定程度向上させたこと，朝日訴訟が生活扶助基準の引上げはもとより健康保険の給付水準・内容を向上させたこと等，社会福祉運動が社会政策の内容・水準に影響を及ぼし，全体としての社会保障水準を向上させたことがより重要なのである。

孝橋は，社会運動の進展が社会政策の発展を招来し，そのことに

---

[50]　真田は，「すべての社会問題が社会福祉の対象となるのではない」（真田〔1975a〕p.33）と述べる一方で，孝橋理論に対して「農民や都市自営業者層といったものは社会福祉の対象から除かれてしまう」（真田〔1979〕p.242）との批判によって，自らが行う「労働者」の定義に現代性を欠落させる，つまり，「農民＝実際には農業労働者，自営業者＝自営を強制された労働者」という認識を欠落させることによって，結果としてすべての社会問題，というよりは「社会に起こる問題」に社会福祉が対応可能であるかのように論じてしまっている，という意味である。

よって，社会福祉が代替させられる領域が縮小することが評価すべき社会保障進展の姿であると考えたのであろう。

② 「対象論」

真田は，「社会福祉の対象も，どうしても労働者階級でなくてはならない。労働者階級でないと，資本主義社会での社会福祉の必然性・法則性を社会政策との関連で論証しようとしたらできないことだからである。」[51] と，孝橋理論が社会福祉の対象を労働者階級に限定することを批判している。はたして，労働者階級以外の社会福祉の対象とは，いかなる人々か。有産階級を意味しているのか。そうではなく，真田は孝橋が社会福祉の対象から農民や都市自営層を除外していると批判しているのである[52]。

もちろん，孝橋は農民や自営業者を社会福祉の対象から除外するというような誤りはおかしていない。労働者階級と言うとき，その範疇には農民も労働者も当然含まれよう。孝橋の言う「労働者」とは，「国民大衆」「勤労諸国民」のことである[53]。農民は「農業労働者」であるし，自営業者についても，きわめてわずかな生産設備を所有していることが彼らが「有産階級」に属することを意味するものではないことは自明である。また近年の「強制された自営」の増加をみれば，彼らを「労働者階級」の範疇に含めて考えるべきは当然である。

真田説においては，社会福祉の対象課題たる「社会問題」生成の根拠が明らかにならない。資本制的生産関係以外から発生するいか

---

51) 真田〔1979〕p.243
52) 真田〔1979〕p.242参照
53) 孝橋〔1972〕p.35参照

なる問題があるというのだろうか。たとえば，1970年代以降の公害問題・健康被害問題などいわゆる「新しい社会問題」がそうであるというのであろうか。これらこそ資本の論理が生み出した問題，つまり労働問題を根底にもつ生活問題，名付けるならば「現代の労働問題」と言えるのではなかろうか。

### ③「三元構造」論

真田は，「社会問題」[54]「政策主体（国家）」[55]「社会運動」[56]の3つが「社会福祉を成立させ，この内容や水準に規定的な影響を与える」[57]という，「三元構造」論を展開している（図1－6）。この三者を同列に（並列させて）社会福祉の成立要素と規定することに問題はないだろうか。

そもそも，社会問題は人間が賃金労働者に転化させられていく過程で自然に発生するのではない。原生的労働関係における賃金労働者の貧窮・貧困化という状態は，まず隠蔽され潜在する。

資本の強蓄積が進行する中で賃金労働者の貧窮・貧困化は苛烈をきわめるようになり，その中で労働者に労働者としての自覚が生まれ，組織的労働運動が生成・発展する。自覚的労働運動という，その後長く社会運動の中核を形成していく運動は，国家独占資本主義段階に入りさらに発展する。

そしてその運動が，労働者の貧窮・貧困化という「状態」を，何

---

54)「社会問題がなければ社会福祉も不要である」（真田〔1975b〕p.123）
55)「政策主体が社会問題と同じように社会福祉の成立にとって不可欠なものである」（真田〔1975b〕pp.123-124）
56)「資本主義社会では，社会運動は社会における恒常的な要素になってくる」（真田〔1975b〕p.124）
57) 真田〔1975b〕p.123

らかの対策を講ぜざるを得ない「問題（対策課題）」であると国家に認識させるに至るのである。これが「社会問題」生成のメカニズムである。

その「何らかの対策」が社会政策であり，労働者を保護するという「方法」によって資本制的生産関係の維持・存続という「目的」を達成しようとするのである。

さらに，社会政策が孝橋のみならず真田も認めるとおり[58] 限界を迎えたとき，労働・社会運動の「防波堤」として，国家は社会政策に社会事業を結合させ，「社会保障」を賃金労働者を中心とする勤労諸国民に「約束」するのである。したがって，「社会運動が社会福祉を成立させる」というのは誤りではない。しかし，真田の言うような，運動が直接社会福祉を成立・発展させるというメカニズムは理論的には存在し得ない。

「問題」と「主体たる国家」と「社会運動」の3つを単純にひとつにくくって社会福祉の成立要素であるとする考え方は非科学的であると言わざるを得ない。

(2) **宮田和明による孝橋理論批判**

① 「対象規定」について

宮田はまず，孝橋の社会事業・社会福祉対象規定に一定の評価を与えている。すなわち，「労働問題を基軸とするいわば古典的な社

---

58) 「私も社会政策には限界があると考えている。」（真田〔1979〕p.237）。しかし宮田によるならば，運動論全般においてこの承認は留保条件にすぎず，運動論は「孝橋氏のいう『社会政策の限界』を承認していない」（宮田〔1979〕p.210）のである。

会事業の対象規定に対して，社会福祉の対象領域を『生活問題』と規定することは，多様な生活不安・生活破壊の拡大への対応として発展している社会福祉の現代的特質をより強く反映した現代的な対象規定であると言えよう」[59]である。

　しかしながら，まずこの理解に大きな問題がある。上の理解では，孝橋があたかも「労働問題」と「生活問題」を切断して理解したかのようである。そうではなく孝橋は，まさに「労働問題」を基軸に「生活問題」を考えた，つまり，労働問題を基底におきながら，そこから生活問題が次々と発生すると考えたのである。

　しかし，真田説に対する疑問と共通するが，宮田説はいったい何を「労働問題を基軸と・し・な・い・生活問題」と考えたのであろうか。浅学によっては必ずしも明確にならない。管見によるならば，資本主義社会である以上，あらゆる生活問題は資本／労働関係を基軸に生み出されるのではなかろうか。

②「補充・代替」説・「合目的性」について

　宮田は，孝橋の「社会福祉＝合目的」理解について，「『資本主義制度の恒久持続性』を動かしがたい『前提』でありまた『目的』であるとすることによって，（中略）抜きがたい『一面性』をもつことにもなったのである」[60]と，また，「社会事業の本質を社会政策とともに『賃銀労働の順当な生産と再生産』のための前提条件としての側面でのみ一面的に規定する消極性に帰着している」[61]と，一面的であると批判している。なるほど一面的であるかもしれない。

---

59)　宮田〔1979〕p.231
60)　宮田〔1979〕p.188
61)　宮田〔1979〕p.191

しかしながら，孝橋が思考したのは社会福祉・社会事業の「本質」である。一定の政策や実践の，現実的機能にはさまざまな側面があるが，本質は一つである。宮田は，孝橋の本質論に対して，機能論によって，しかも本質と前提条件の混同という誤解も含めながら，「論争にならぬ論争」を挑んだのである。

　また宮田は，孝橋の言う「社会福祉＝補充・代替物」理解を，「『補充性』の規定に固執する」[62]と批判する。孝橋によると，社会政策の限界性によって，社会福祉はそれを補充し，またはそれに代替させられるのであるが，このことに対して宮田は，「『補充性』の規定は社会政策の『理論的限界』なる概念を不可欠の前提として立論されており，諸理論の検討にあたってもこの前提を認めるか否かが無二の基準とされている」[63]と批判する。

　こうなるとまさに「空中戦」である。そもそも，社会政策の限界に冠せられた「理論的」という語は，「理念的」や「シミュレーティブ」といった内容を意味するのではない。それは，労働問題と社会政策のたどってきた歴史的事実を社会科学的という意味で「理論的に」考察した結果得られた解としての「社会政策の限界」に冠せられた用語である。孝橋の取り組んだ作業は，歴史上の事実の社会科学的分析である。さらに言うならば，孝橋は「事実を述べた」のである。とくに，宮田が「動かしがたい前提とすることは問題である」と考えた「資本主義制度の恒久持続性」は最も確かな事実である。不安定雇用の拡大と賃金の労働力価値以下への切り下げが加速する現状を引き合いに出すまでもなく，このことは明らかであろう。革

---

62)　宮田〔1979〕p.191
63)　宮田〔1979〕p.210

命をおこそうというのであればそう主張すればよい。しかし，宮田説はいかにも非現実的なのである。

　以上の意味で，「運動論」からの批判は社会科学的な内容をもつものではなく，本質論に対して機能論で挑むという，「空中戦としての挑戦」とでも呼べようものであった。しかしながら孝橋は，これら運動論からの批判に，一定程度丁寧に応答している。

(3)　**孝橋からの再批判**

　孝橋は，上述の「運動論」に対して，著者も指摘した「運動論の本質論に対する機能主義による応戦」という側面を指摘している。すなわち，まず，運動論は「そのまま本質論ではない」[64]が，それにおいては「そのような契機ないし要素を取り入れて，本質論に代るものに接近することができるという構想が描かれている」[65]と指摘した上で，なぜ本質論を展開しなかったかについて，その理由を指摘した。

　孝橋によって指摘されたその理由とは，「『社会福祉』を本質論的に打ち出すなら，運動論者が目の敵にしている『社会福祉』の本質は，理論的にも実践的にもいわゆる『体制補完論』と『合目的』性を承認しないでは，それを通り抜けることはできなくなるからである」[66]という，運動論者も補充・代替性と合目的性を実は承認していたからであるとするものであった。

　そして孝橋によると，運動論は，「『対象』，『政策』ならびに『運

---

64)　孝橋〔1982〕p.357
65)　孝橋〔1982〕p.357
66)　孝橋〔1982〕p.357

動』から成りたつ，ダイナミックという名における機能論的発想に拠る」[67] 途を選んだのである。この，「対象」「政策」「運動」のダイナミズムによって社会福祉が発展するという考え方が真田の言う「三元構造」論であるが（図1－6），孝橋によると，真田は，この三元構造論を用いて孝橋の「運動を軽視している側面」を批判する際に，「社会事業労働と，その矛盾的性格にもとづく社会・労働運動に関する分析とその位置付けについては，まったく読んでいないか，それを無視する状況にあった」のである。孝橋は，真田に対して，社会・労働運動の社会福祉における役割ならびに社会福祉労働が運動的性質をもつに至ることが孝橋によって指摘されている点が意図的に看過されていると，再批判しているのである。

孝橋（だけではないが）にとって，社会事業・社会福祉の社会政策に対する補充・代替性は歴史的・社会的事実である。たとえば「健康保険や老齢年金による給付や最低賃金制度の支給額（社会政策）が低い場合に，生活保護法による扶助（社会事業）がこれを補完しているのである」[68] などが好例であるとする。

しかしながら，真田らの運動論者はこの補充・代替性とその根拠である社会政策の限界や合目的性を基本的には承認しない。そして孝橋によると，運動論は，社会政策の限界・合目的性の承認という共通の「土俵が初めからないところで対象，政策と運動の三元構造が機能的に力のバランスによって調整を要求されるが，それを運動が主導的地位について事態をその方向で改善して行こう」[69] とする

---

67)　孝橋〔1982〕p.357
68)　孝橋〔1982〕p.366
69)　孝橋〔1982〕p.364

のである。「『体制補完』とか『合目的性』とか『社会政策の限界』という概念規定にとって本質的なもの」[70] が完全に見失われたところで機能論的社会福祉政策論を展開したと，孝橋は運動論を厳しく再批判したのである[71]。

さて，本章の目的は社会福祉の対象課題の明確化であり，そのことの現在の社会福祉実践における有用性の論証である。孝橋理論が現在の社会福祉実践の場に取り入れられたとき，課題となるものは何であろうか。

## V 孝橋理論とソーシャルワーク

### (1) 社会福祉実践における主体的側面と客観的事実

社会福祉が社会政策の補充物・代替物であること，そして合目的的な体制補完物であることによって，社会福祉の実践現場で働く人たち（以下「ソーシャルワーカー」[72]）の意欲がそがれることになり

---

70) 孝橋〔1982〕p.364
71) 「体制補完物であること」以外のいったい何に向かって運動を組織・展開できるというのか，と再批判したのであろう。
72) ソーシャルワーカーとは，狭義には，社会福祉諸実践のうち「相談援助業務」に従事する人々を意味する。しかしながら，社会福祉実践の意義は，この相談援助と，介護・介助・保育・養護といったいわゆる「ケアワーク」の両方とが，対象者の困難の社会性を認識し，その解決のためには社会改良までをも視野に入れるところにある。そしてさらに言うとこの両者は連続的かつ重層的なものであり，本来区別することができない。以上の理由からここでは，これら両者を包含した広義の概念として「ソーシャルワーク（ソーシャルワーカー）」と

はしないか,という問題がある。つまり,体制補完物であるとの事実から「いくらやっても国のためであって目の前の暮らしに困る人たちのためではない」という気持ちが生まれたり,補充・代替物であるとの事実から「残り物処理である」という考えが生まれたりはしないか,という問題である。

孝橋自身も,補充・代替・合目的性理論に「現代の情熱的な若い社会事業家の意欲を充分にみたすものではない」[73] 側面があることを認めている。また,ソーシャルワーカーの間に,「社会事業の本質や性格としての資本主義的合目的性や社会事業の補充性の論理」[74] に対する反発と「反社会的なもの」[75] としての認識が生じていることを認めている。

現在においても,ソーシャルワーカーの「情熱」や「意欲」は,社会福祉実践にとってきわめて重要である。しかしながらこれらは,社会福祉・社会事業の補充・代替性,合目的性という事実とは次元の異なる問題である。「情熱」や「意欲」はどこまでも主観的な社会福祉に対する動機であり,「補充・代替性」「合目的性」は客観的な事実である。主観的側面と客観的認識は混同されてはならない。

その主観と客観とが混同されるところには,孝橋によると二つの問題が生じる。すなわち,ひとつ目は,「社会事業に失望を感じたり,あるいは低い評価を社会事業にあたえられたというあらぬ非難

---

いう語を用いることとする。
73) 孝橋〔1972〕p.339
74) 孝橋〔1972〕p.339
75) 孝橋〔1972〕p.339

をよびさますことになる」[76] という問題，つまりソーシャルワーカーの意欲が失われるという問題である。

　二つ目は，「社会事業にはずむ期待をかけ，そのうえ身にあまる重荷をおわせることによって，そのはげしい社会的意欲を満足させる代償に，観念の遊戯におちいってしまう」[77] という問題である。それは，言い換えると，社会福祉・社会事業を過大に評価しその実践に過大な期待を背負わせることによって，ソーシャルワーカーの社会的意欲は一見満たされるが，その評価は事実に反するのであり，結果として社会福祉実践が社会的具体性を喪失する（より厳しい表現を用いるならば，「実践」でなくなる〔「観念の遊戯におちいる」〕）という問題である。

　いかなる社会的実践も事実認識の上に立たなければ成立・進展しない。社会福祉が社会政策の補充・代替物であり，その範囲を超えた役割を期待されても，それは成就され得ないことは，社会政策・社会福祉政策の現段階における事実がよく示している。失業問題対策という社会政策の課題を押しつけられた生活保護制度がそれを解決できずにいたり，「就労支援」とその名を変えた障害者の雇用保障という社会政策の課題を押しつけられた障害者福祉制度・実践が混迷に陥っていたりすることは，孝橋の客観的事実認識をもとに考えるならば当然のことであり，ここで一々説明するまでもなかろう。

　しかし，ソーシャルワーカーは，「合目的性」「補充・代替性」を事実として認識するだけで，自らの日々の行為を社会的意義・目的を明確にした実践であると認識できるであろうか。

76)　孝橋〔1972〕p.340
77)　孝橋〔1972〕p.340

## (2) 社会福祉の「合目的性」を「逆手にとる」

上述の点について孝橋はこう述べる。すなわち,「社会事業における制度の発展は,それ自身資本主義の構造的合目的性の実現にほかならぬもの」[78]であるが,同時に「資本主義を克服するエネルギーを蓄積するために貢献している」[79]のであり,その「エネルギーの蓄積」は,「一方において社会事業の資本主義的制約に規定されつつ,その制約を克服すべき足場を築いていくのである」[80]と。

つまり孝橋は,社会的客観的事実を認識した上で展開される社会福祉実践(「超越的・抽象的な人間関係一般の調整としてではなく,歴史的・社会的な矛盾の具体的・現実的解決」[81]としての,また「現象形態的な観察や処理としてではなく,深く本質的・構造的な認識と対応をもって,社会的理念にみちびかれつつ労働者＝国民大衆の生活と福祉を守るために働く」[82]という意味での実践)は,現実には資本主義社会の体制補完物として機能しながら,社会改良を視野に入れた実践目的を設定するに至るのであると,換言すれば,社会福祉実践の内部において,「体制補完と社会改良」という二つの相反する機能が「矛盾的に合一される」べきであると考えたのである。

それゆえ孝橋は,「社会事業の資本主義的制約は,社会事業にとっての歴史的宿命」[83]であるとしながら,「社会事業のこの客観的性

---

78) 孝橋〔1972〕p.341
79) 孝橋〔1972〕pp.341-342
80) 孝橋〔1972〕p.342
81) 孝橋〔1972〕p.342
82) 孝橋〔1972〕p.342
83) 孝橋〔1972〕p.342

格をありのままに認識するところに社会的なデッド・エンドがあるのではなく，逆に前望的な期待がひらかれてくるのである。」[84]と，社会事業・社会福祉の社会改良の側面を強調したのである。

　現在のソーシャルワークは，まさに孝橋の言う「超越的・抽象的な人間関係一般の調整」「現象形態的な観察や処理」にその性質を近寄らせているのではなかろうか。社会福祉の対象課題は労働問題（孝橋の言う「社会問題」）という基本的な社会問題（同じく「社会的諸問題」）から派生的に生成する生活問題（同じく「社会的問題」）であり，社会福祉は社会問題すべてに対応する（またはできる）わけではないという歴史的・客観的事実が認識されないところで，本来社会政策の課題である失業問題対策や雇用保障という「身にあまる重荷」を担わされ，社会福祉実践は閉塞状態に陥り，ソーシャルワーカーはアイデンティティーを失っているのではなかろうか。

　今社会福祉実践に必要とされているのは，対象課題の歴史的・客観的認識であり，人間を個別に分断したところで行われる「人間関係の調整・観察・処理」を克服し，社会改良的指向をもとうとすることであろう。そうすることで，社会福祉は本来国家が想定しない役割（「望まれた目的から思われない結果」[85]）を果たすことができるのである。


## VI　おわりに：「社会問題」「社会的問題」「生活問題」

　孝橋は，社会的諸問題のうち，基底的・基本的問題である労働問

---

84)　孝橋〔1972〕p.342
85)　孝橋〔1972〕p.342

題を社会問題と規定し,そこから関係的・派生的に生み出される生活問題を社会的問題と規定した。

そして,社会問題には社会政策が対応し,社会的問題については,社会政策が理論的限界を有することによって対応できないため,社会政策の補充策として社会事業(社会福祉)が必要なのであり,その社会事業はまた,社会政策の実際的限界(資本の間断なき利潤追求〔=社会政策経費節減〕意欲による理論的限界点以下の限界点)と理論的限界の間の部分についての代替策でもあるとした。

さらに,その理論的限界と実際的限界の間隔を狭める力は組織的労働運動を中核とする社会運動であると論じた。端的に言うならば,社会事業・社会福祉の対象課題は社会的諸問題の一部であり,その一部の分量は社会運動の強弱によって変化する,と規定したのである。

孝橋は,以上の社会的諸問題とその対策体系に関する理論を戦後すぐの時期から構築し始め,1970年代の初頭にはそれをほぼ完成させたと言える。それ以来40年近くが経過しているが,孝橋の理論は現在もなお有効性を保持していると言えよう。著者も基本的には孝橋の対象規定論を支持する立場にある。それは,機能論的社会福祉対象論,つまり,均一な存在として把握された個別の人間の有する現象としての「ニーズ」が社会福祉の対象課題であるとする現在の社会福祉研究の中での有力な理論が,現在の社会福祉実践の閉塞状態をみる限り,有効性を持ち得てきたとは考えがたいからである。

孝橋理論を検討する上で課題となるのは,「社会問題」「社会的問題」といった語の用法の解釈である。資本制的生産関係から直接に生じる問題(労働条件そのものをめぐる問題。一般に言うところの

「労働問題」）に社会政策が対応し，その直接に生じる問題から関係的・派生的・二次的に生ずる問題に社会事業・社会福祉が対応するというのは歴史的・客観的事実であり，理解できる。課題は，なぜ前者に「社会問題」という用語をあて，後者に「社会的問題」という用語をあてたかについての解釈である。

　おそらく孝橋は，「社会問題」ではなく「労働問題」という語が用いられる際にそれが生産過程における問題に限局されることを，そして「社会的問題」ではなく「生活問題」という語が用いられる際にそれが消費過程における問題に限局されることを避けようとしたのではなかろうか。

　さらに言うならば，孝橋は，より厳密には，「労働問題＝社会問題」そして「生活問題＝社会的問題」と規定したのではなく，「労働条件問題プラス劣悪な労働条件から直接に引き起こされる生活問題（―①）」を「社会問題」，①から二次的・派生的に発生する生活問題を「社会的問題」と規定しようとしたのではないか。そのことは，孝橋が社会政策の理論的対象領域を「社会問題」全体と規定し，社会事業の理論的対象領域を「社会的問題」のみに限定したことに裏付けられよう。社会政策は，生活問題をも，より基本的な（労働問題に「近い」）問題については社会保険という方法をもってその対象としなければならないからである。

　現代社会において，国民大衆の生活が資本制的関係における労働によって獲得される賃金による購買・消費によって営まれていることは自明である。そして，生産過程における人間（＝労働者）と消費過程における人間とは連続しており，その両過程それぞれにおける条件も連続している。

したがって、現代社会において、労働問題と生活問題とは分離することができない関係にある。さらに言い方をかえるならば、生活問題も資本制的生産関係を基盤においているのである。そうであるなら、社会福祉の対象課題は、「資本制的生産関係によって生ずる基本的・一次的な問題から『関係的・派生的・二次的』に生ずる問題」と規定するよりは、現在においては、さらに進んで、「労働問題と『連続して』その『延長線上に』発生する問題」、いわば「新しい労働問題」と規定する方が対象課題認識として妥当なのではないか[86]。

ゆえに、今後の課題は、

ⅰ) 生活問題が、どのようなメカニズムで労働問題と連続している、またはその延長線上にあるのか。

ⅱ) なぜ生活問題が現代社会における社会福祉の対象課題としての「新しい労働問題」と認識されるべきなのか。

についての詳細な検討である。これらの課題については次章においてとり上げることとしたい。


〈引用・参考文献〉
大河内一男〔1954〕『増補 社会政策の基本問題』日本評論新社。
大河内一男〔1980〕『社会政策（総論）増訂版』有斐閣。
孝橋正一〔1954〕「社会事業の理論的位置―社会事業の社会科学―」『社会問題研究』（大阪社会事業短期大学社会問題研究会）第4巻第2号, pp.1-21。
孝橋正一〔1963〕『社会政策と社会保障』ミネルヴァ書房。
孝橋正一〔1972〕『全訂・社会事業の基本問題（2版）』ミネルヴァ書房。

---

86) もちろん、孝橋が労働問題と生活問題を分離して把握していると批判しているわけではない。

孝橋正一〔1977〕『新・社会事業概論』ミネルヴァ書房。
孝橋正一〔1982〕「『社会福祉』運動論への再批判―主として真田体系，宮田論文への反批判―」孝橋正一編著『現代「社会福祉」政策論』ミネルヴァ書房，pp.353-374。
真田是〔1975a〕「社会福祉の対象」一番ヶ瀬康子・真田是編『社会福祉論〔新版〕』有斐閣，pp.27-39。
真田是〔1975b〕「社会福祉と社会体制」一番ヶ瀬康子・真田是編『社会福祉論〔新版〕』有斐閣，pp.123-133。
真田是〔1979〕「社会福祉理論研究の課題―岡村氏・孝橋氏の理論を借りて―」真田是編『戦後日本社会福祉論争』法律文化社，pp.220-258。
平田冨太郎〔1957〕『社会政策論概説』有信堂。
宮田和明〔1979〕「『新政策論』論争」真田是編『戦後日本社会福祉論争』法律文化社，pp.179-219。

# 第 3 章

## 「現代の労働問題」としての「生活問題」と社会福祉

―三塚武男の所論の検討を中心に―

〈要　旨〉

　社会福祉政策は，近年，本来の任務である最低生活保障から離れ，「就労支援」を主要な施策とすることによって，労働・失業政策にその性質を近寄らせてきている。社会福祉政策が拡大したとも言えるかもしれないが，社会政策の補充策であるとともに代替策でもある社会福祉の拡大は，社会政策の後退を意味するのであり，社会保障全体の拡大を意味するのではない。

　社会福祉研究分野にこのような問題意識はほとんどない。社会福祉研究の多くは，社会福祉の対象を個別の人間が抱える「生活におけるニーズ」ととらえ，労働問題から派生する「生活問題」であるとはとらえていない。おそらく，このような機能主義的対象規定が問題意識不在の状況を生み出しているのであろう。

　以上の基本的問題意識をもとに，本章においては以下の項目の達成が目指される。すなわち，

　ⅰ）社会問題としての，つまり，労働問題と連続する，または労働問題と一体をなす「生活問題」とはどのようなものであるのかを明らかにする。

　ⅱ）その「生活問題」の，どの部分を，どのような根拠に基づいて，社会福祉はその政策課題とするのかを明らかにする。

　である。

　具体的には，機能論的生活問題論が批判的に検討され，社会科学的生活問題論が積極的に評価される。その中でも，三塚武男の「労働＝生活問題」論が詳しく検討される。

　そして，これらの理論的検討は，社会福祉実践の発展のために行われる。

## I　はじめに：本章の前提と目的

　狭義の労働問題，つまり労働条件をめぐる問題への対策だけではその目的を果たせなくなったとき，社会政策は労働者の生活過程（労働力再生産過程）の問題（仮に「生活問題」とする）にその対象を拡大せざるを得なくなる。社会保険が社会政策の有力な方法のひとつとなるのである。

　しかし，大量かつ慢性的な失業の発生によって労働者階級（労働者とその家族）の生活困窮状態が全国民的規模に拡大すると，社会保険は存続が困難となる。社会政策における保険料負担者の片方たる労働者の経済的困窮に伴う社会保険の経済的限界は，社会保険を補充する方法を必要とするに至るのである。

　この補充策が現代に言う社会福祉である。その源流は労働・失業政策の代替物であった救貧施策と慈善事業であるが，こうして社会福祉は，国家独占資本主義の段階において，国家による全国民に対する最低生活保障の「約束」たる社会保障制度の一環に，社会政策の補充策として，最低生活保障制度として位置づけられるに至ったのである。

　以上が本書第1章で一定程度明らかにされたところの，社会政策から，社会福祉を重要な内容として含む社会保障への発展についての歴史的事実である。社会福祉が，生活問題対策のひとつであるがそのすべてではなく，あくまでも社会保険を有力要素として含む社会政策の補充策として政策上位置づけられていることを，歴史的事実が明らかにしているのである。

　ところが現在の社会福祉政策は，最低生活保障という本来の任務

から離れ,「就労支援」施策をその中心にすえることによって，労働政策・失業対策へとその役割を大きくシフトさせてきている。

社会政策が理論的限界点までその役割を果たすとき，社会福祉に「担わされる役割」は「最後の，最終的な，最低生活保障」にとどまる。

一方で，社会福祉の「メニュー」が色とりどりになることは，その内部問題としてのみ考えるならば，「多様化」や「普遍化」と理解できるのかもしれない。しかし，社会保障制度全体に視野をひろげたならば，実は社会政策の後退を意味するものなのではないか。実際，社会保険の主要制度である厚生年金保険や健康保険の給付水準が向上したという事実は，少なくともここ20年は存在しない。

と同時に，社会福祉給付の水準もとくに近年低下している。介護保険法の制定・実施によって高齢者介護サービスに，障害者自立支援法の制定・実施によって障害福祉サービスに定率一部負担が導入された事実がそのことを証明する。

そしてこれらのことが，社会福祉の現場での実践を閉塞状態に追い込んでいるのではないか。高齢者介護施設での事故も，児童福祉施設での虐待も跡を絶たない。社会福祉は，「自分自身の本質と任務をはなれて社会の基礎的・本質的政策（社会政策＝引用者補足）の位置づけに代替」[1]し，「みずからの無能を告白」[2]したのではないか。

「社会福祉学」という分野での研究からは，上記のような疑問はほとんど提起されていないのが現状である。それはなぜか。

---

1) 孝橋〔1972〕p.65
2) 孝橋〔1972〕p.65

「社会福祉学」においては，社会福祉の対象は「生活上のニーズ」や「社会関係の不調和・欠損」であるとする全く社会科学的ではない対象規定や，きわめて現象論的に「生活問題」を規定するなどといった，いわば機能論的対象規定が主流であると言える[3]。

こういった，社会福祉の対象を資本制的生産体制が生み出す問題から切断する，つまり，労働問題から関係的に生成する生活問題であるととらえない対象規定と，社会福祉実践の閉塞状態は無縁ではなかろう。なぜなら，機能論的対象規定からは，社会福祉の社会保障制度全体における位置と，国民全体の生存権保障体系における社会福祉の役割とが理解されがたいからである。

以上を基本的問題意識・前提とし，本章は以下の目的の達成を目指すものとする。すなわち，

ⅰ）社会問題としての，つまり労働問題と連続した関係にある，または労働問題と一体をなすものとして把握すべき「生活問題」とはどのようなものであるのか，つまり，どのような生成メカニズムと性質とをもつものであるのかを明らかにする。

ⅱ）上記「生活問題」のうちのどの部分をどのような根拠に基づいて社会福祉はその政策対象課題とするのかを明らかにする。

である。

方法は，先行研究のレヴュー・理論的検討とする。機能論的に生活問題を規定した研究に対し批判的検討を行い，その規定方法が社会福祉実践に対してあたえる負の効果を指摘することとしたい。そして，社会科学的に生活問題を規定した研究，さらに進んで言えば

---

3）　本書第1章pp.39-40参照

「労働＝生活問題」論という，労働問題の深刻化の延長線上に明確に生活問題を位置づけた研究に積極的・肯定的な意味づけを行いたい。

そしてそれらの理論的検討は，何よりも社会福祉（ソーシャルワーク）実践の有効化に資するために行う。すなわち，これが最終目的である。

## II 諸研究における「生活問題」規定

社会福祉は生活問題対策のすべてではないが，社会福祉研究は，生活問題についての検討が行われてきた代表的領域のひとつである。図3－1は，社会福祉研究者[4]として生活問題規定に言及した論者のうち社会科学的（比較的それに近いものも含めて）であると考えられる研究者間の理論相関関係を示したものである。

もし，生活問題を労働問題との連続線上に，またはそれとの規定関係上にとらえる方法，つまり本質・原因に向かっていく方法が社会科学的方法であるとするならば，そうでない，機能論的・現象論的方法は社会学的方法と言えるかもしれない。

そして，戦後の生活問題理論の中では，この社会学的機能論的方法が主流であったのである。そしてその逆に，「労働者個々の生活が，資本制的剰余価値生産過程に編入されることによってのみその

---

4) 大河内一男は経済学者・社会政策研究者，または社会政策学者であり，その研究の中で社会福祉に言及はしているものの，「社会福祉研究者」とは言い難い。しかし，社会福祉研究者で社会科学的（比較的，を含めて）に生活問題に論及した研究者には彼の影響を何らかの形で受けた者が多く，便宜上この図の中に加えた。

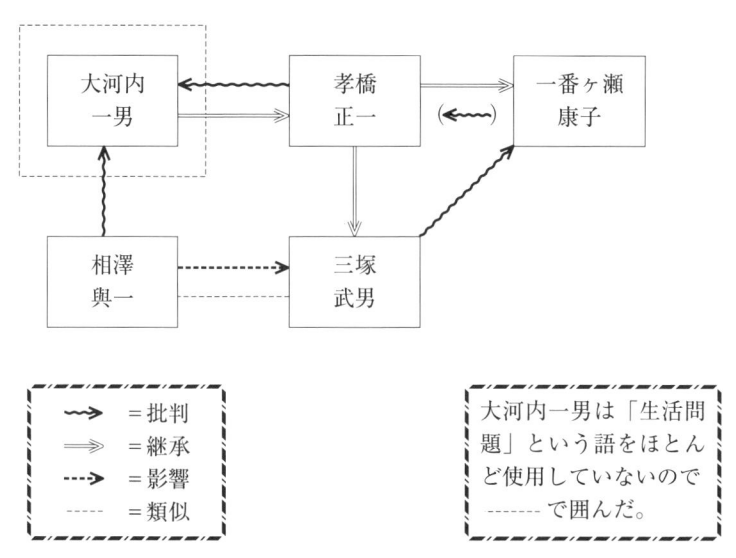

図3-1 「社会科学的生活問題理論」の相関関係

```
大河内一男 ⇜ 孝橋正一 ⇒ 一番ヶ瀬康子
              ⇒          (⇜)
                ⇘
相澤與一 ┈┈▶ 三塚武男 ⤴
```

⟶ ＝批判
⇒ ＝継承
┈▶ ＝影響
┈┈ ＝類似

大河内一男は「生活問題」という語をほとんど使用していないので┈┈で囲んだ。

出典）著者作成

資本制的な存立が成立し得る」[5]ことを前提とし，生活問題を「資本制生産様式の矛盾の国民諸階層への拡大」[6]であるとするような社会科学的生活問題規定は必ずしも主流ではなかったのである。

### (1) 生活問題論の主流としての機能論・現象論

#### ① 副田義也の生活問題論

副田義也は，社会学研究の立場から，機能論的な生活問題論を展開した主要研究者の一人である。副田はまず，生活問題を社会問題のひとつであると位置づける（「生活問題という概念は広義の社会

---

5) 玉水〔1971〕p.51
6) 玉水〔1971〕p.51

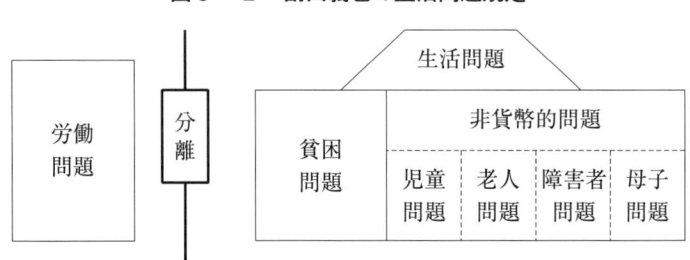

図3-2　副田義也の生活問題規定

| 労働問題 | 分離 | 生活問題 |||||
|---|---|---|---|---|---|---|
| | | 貧困問題 | 非貨幣的問題 ||||
| | | | 児童問題 | 老人問題 | 障害者問題 | 母子問題 |

出典）副田〔1981〕をもとに著者が作成

問題の理論の系譜において出現した。」[7]）。そしてその生活問題は副田によって，社会問題ではありながら，労働問題と区別される問題として理解される。

　すなわち，「労働問題がまず注目され，ついでそれと区別される民衆の生活の諸困難が生活問題と呼ばれることになった。（傍点＝著者）」[8] である。副田の言う「広義の社会問題」には労働問題も含まれていると考えられるが，生活問題は，「社会が予防・解決の必要がある問題として措定する社会事象」[9] ときわめて簡略かつ単純に定義される。

　そして，「社会問題・生活問題としての措定が比較的早くからおこなわれ，行政府による制度的対応も，社会科学者たちによる研究も，もっとも長い歴史をもっている」[10] という理由から，貧困問題が生活問題を代表すると規定する。

---

7）　副田〔1981〕p.19
8）　副田〔1981〕p.19
9）　副田〔1981〕p.19
10）　副田〔1981〕p.25

さらに，貧困問題以外の生活問題に「非貨幣的問題」という呼称を与え，児童問題，老人問題，障害者問題，母子問題を列挙している[11]。

以上の副田の生活問題規定（図3－2）には，大別して3つの大きな問題があろう。それらは以下の通りである。

a）生活問題を労働問題から分離した点

資本制社会である以上，勤労諸国民，すなわち生活問題の担い手となるかもしれない人々の生活は賃金労働によって繰り返し維持されている。したがって，ある人が担う生活問題は，少なくとも間接的にという意味では労働問題によって引き起こされている。

もちろん副田も，労働と生活，そして労働問題と生活問題の関係性・連続性を無視したわけではない。そのことは，「貧困問題は労働者階級や没落する中間階級に多く見出され，労働者階級のばあいでいうと，それは低賃金，失業，労働不能などがもたらすものであると理解された。このかぎりでは，貧困問題は，労働者階級，中間階級の階級問題である。」[12]という記述に示されている。

しかし副田は「労働者階級や中間階級の全体に均一的に存在するものではない。」[13]という素朴な事実認識によって，生活問題を労働問題の延長線上に位置づけることに失敗したかまたはそうしようとしなかったのである。そしてそもそも現代社会において，「労働者階級や中間階級」以外の人々が何らかの生活問題，というよりは生活上の不具合に直面したとしても，それは社会的諸施策によって

---

11) 副田〔1981〕pp.36-37参照
12) 副田〔1981〕p.47
13) 副田〔1981〕p.47

積極的に解決が図られねばならない問題ではないのであるから，副田の行った分離は，生活問題と社会的諸施策を有効に適合させる（施策を体系化する）上での効果をもち得ないのである。

**b）「運動」を「状態から問題へ」の動力であると理解していない点**

たとえば貧困問題について副田は，「特定の人びとが貧困状態におかれているという社会的事実は，資本制生産が生産の一般的形態になってから現在までの全期間をつうじてみいだされる。その貧困は社会史論の課題のひとつであるが，それはただちに，ここでいう貧困問題論の対象ではない。貧困問題は，貧困という社会的事実があり，それが問題として措定されて，はじめて成立する。」[14]と述べるように，「貧困という状態＝貧困問題という生活問題」ではないと理解している。

しかしながら，その「措定」を行う主体（としての社会）は，副田によると「さまざまな存在」[15]であり，「行政府，立法府，司法府，政党，労働組合，市民組織，マス・メディア，世論など」[16]ときわめて羅列的に列挙されている。

つまり，労働組合がその運動によって貧困状態を掘り起こし，政策課題として認識させるに至った生活問題も，行政がその政策対象として「主体的に」拾い上げた生活問題も，並列的に，同じ次元の「生活問題」として認識されてしまっているのである。

副田は，生活問題の措定主体中運動体的側面の強いもの（市民組

---

14) 副田〔1981〕p.26
15) 副田〔1981〕p.19
16) 副田〔1981〕p.19

織など）が措定する生活問題の水準と，政策の措定する生活問題の水準が食い違う場合，生活問題に対応する社会的施策である福祉政策の水準引上げを要求する運動が展開するのである，と言及はしている[17]。しかし，この「運動・状態・問題」の把握方法は社会科学的であるとは言えない。そう言えるのは，たとえば，労働者階級の生活困窮状態が，社会問題としての生活問題，つまり社会政策（の一部）の対象課題であると国家によって認識されるようになるのは，労働運動の圧力によるのであって，まず政策が貧困諸状態のうちから政策対象とするものを選択し，社会政策が成立し，それとは別に労働運動が設定する生活問題水準なるものができあがった，という歴史的事実は存在しないからである。

生活問題を労働問題から切断することによって現象的に把握し，さらにその対策を担う主体を次元の異同を勘案することなく羅列したことによってこのような誤謬は生み出されたのであろう。

### c）貧困問題と「その他の生活問題」が存在すると考えた点

副田は，上で引いたように，児童問題，老人問題などを貧困問題ではない生活問題であるとし，それらに「非貨幣的問題」という名称を与えている。たしかに，金銭的に困窮しているわけではない高齢者の暮らしにおける課題や，「食うや食わず」ではない子どもたちの問題も重要な政策（とくに社会福祉政策）の課題であろう。

しかしながら，資本制社会である以上，雇用労働からリタイアし

---

17)「野党組織，市民運動組織など（中略）が，現におこなわれている福祉政策，福祉実践の水準をいっそう向上させよという運動を展開し，その過程において，生活問題の政策的範疇，実践的範疇とは区別される，より高い基準によって措定された，その運動的範疇が提示される」（副田〔1981〕p.24）。

た高齢者の問題や，雇用促進施策をもってしてもなお雇用されにくい障害者の問題は，まさに狭義の経済問題，つまり広義の貧困問題である。

　副田の理論は1980年代に成立したと考えられるが，この時期はいわゆる「福祉五法」[18]の成立後10年以上が経過した段階である。副田は，この時期に社会福祉施策が定着したと考え，それら施策との整合をはかろうと，このように現象羅列的な生活問題規定を試みたのではなかろうか。

### ②　中川清の生活問題規定

　経済学研究から始まり生活構造論を専門とする中川清も，生活問題規定に関しては機能論的・現象論的方法を用いている。

　まず，社会問題との関係については，社会問題を生活問題の上位概念と規定する[19]。しかし，その社会問題がそもそもなぜ生成するかという本質論的議論に現象論的議論が先行する。

　すなわち，社会問題として，「失業・労働，貧困・格差から，社会福祉に関わる高齢者，児童，心身の障害者，そして多様なマイノリティ，エスニシティ，差別，各種の『逸脱』現象など。アイデンティティ，ジェンダー，家族，地域，そして教育，さらに公害，事故や災害，環境。20世紀末からは高齢化，少子化なども加わる（括弧種別変更＝著者〔以下同〕）」[20]と，社会問題＝現象ととらえ列挙するのである。

---

18)　児童福祉法（1947），身体障害者福祉法（1949），精神薄弱者福祉法（＝現・知的障害者福祉法，1960），老人福祉法（1963），母子福祉法（＝現・母子及び寡婦福祉法，1964）の５法
19)　中川〔2007〕p.21参照
20)　中川〔2007〕p.21

そして，上述の副田の定義と，後述する一番ヶ瀬康子の定義を引用した上で，「社会問題の中でも社会福祉と関係づけられる領域が，生活問題として扱われることが多い」[21]と，一見では，社会福祉が対応することとなった社会問題を生活問題と呼ぶという，現象論とも言えない現状追随的定義をしているとも理解されかねない説を提示している。

さらには，社会問題の把握方法としては，ⅰ）「社会システムの機能の仕方から客観的に判断して，悪影響を及ぼしている逆機能的な事態を見出し，その原因を機能的な関連において探る」[22]という方法と，ⅱ）「社会で人々が共有する価値判断あるいは社会規範に依拠する」[23]という方法の2つがあると説明している。ⅰ）が言うならば機能論的方法，ⅱ）がどちらかと言えば現象論的方法であり，いずれにしても本質論からは離れた，機能論的・現象論的方法であると言えよう。

③ 機能論的生活問題規定が社会福祉実践にもたらす問題

機能論的に生活問題を規定した論者も，この社会が資本主義社会である以上，資本制的生産関係とまったく無縁な社会問題が存在するとはよもや考えてはいないであろう。

現代社会における生活問題は，（初期の資本主義段階における労働問題と比較すると）きわめて多様化しており，その解決にはこれまたきわめて多様な方法・技術が必要となることを強調しようとしたのであろう。

---

21) 中川〔2007〕p.23
22) 中川〔2007〕p.22
23) 中川〔2007〕p.21

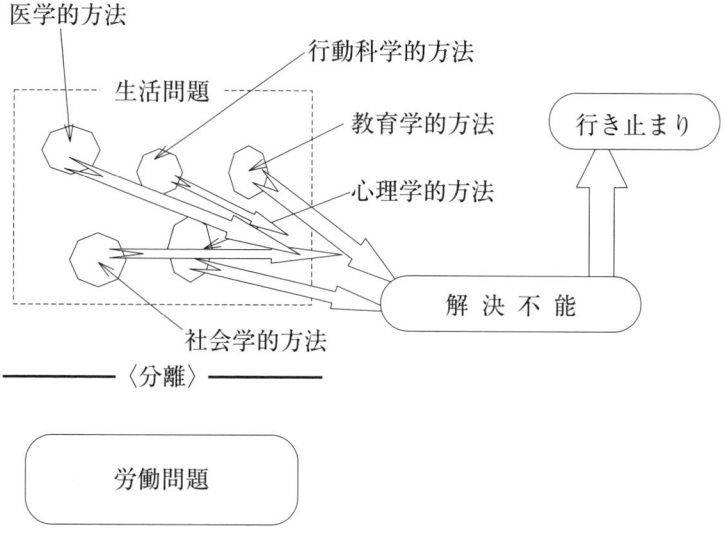

図3－3　機能論的生活問題認識における社会福祉実践の限界

[図：生活問題の枠内に医学的方法、行動科学的方法、教育学的方法、心理学的方法、社会学的方法の矢印が集まり「解決不能」へ、そして「行き止まり」へ。〈分離〉の下に「労働問題」]

出典）著者作成

　しかしながら，機能論的対象認識（個別的生活問題規定）に基づき，種々の援助方法（心理学的方法，医学的方法，教育学的方法等）を取り合わせただけの社会福祉実践においては，その問題が当該方法で解決されないとき，もはや次の方法は講ぜられ得ない。つまり行き止まりにたどり着くのである（図3－3）。
　現代における生活問題の解決に様々な手法が用いられねばならないことは事実である。しかしそのことは社会福祉援助の技術的側面での実態であり，社会福祉という制度・政策体系の本質ではない。
　生活問題の本質は，それが資本制的生産関係から生み出されているという点にある。労働問題を基本として，それへの対策（社会政

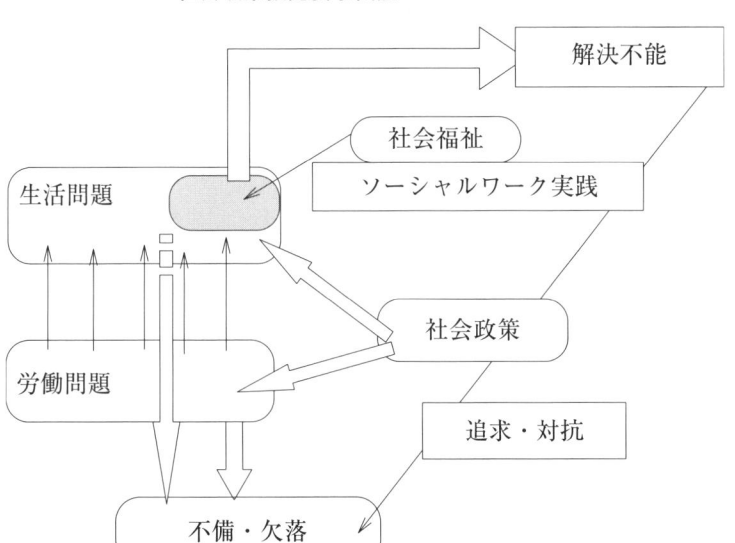

図3－4　社会科学的生活問題認識に基づく社会福祉実践の
　　　　社会政策拡充要求機能

出典）著者作成

策）の不備・欠落が生活問題を惹起させているという社会科学的対象認識（生活問題規定）に基づくならば，具体的な援助よってある問題が解決されないとき，社会福祉実践・ソーシャルワーク実践は，当該問題の解決が社会福祉に担わされていることの理論的問題に気づくことが，つまり社会政策（間接的には公共一般施策も）の不備・欠落という問題に気づくことができるのである。

　その自覚によって，ソーシャルワーク実践は，社会福祉運動として生活問題の担い手の生活回復・復権（リハビリテーション）を要求することに加え，社会政策（と公共一般施策）の拡充要求をもそ

の内容とせねばならないのである。そのことによってのみ、資本制社会における生活問題は真の意味で解決され得るのである（図3－4）。

## (2) ジェンダー視点からの生活問題論

経済学・社会政策学の研究者である伊藤セツは、「社会政策学は、生活問題＝労働力再生産問題に従来から取り組んできた経済学の一領域であり、経済学は生産を扱い、再生産・非市場を扱わないという断定は、社会政策学の歴史がある限りできない」[24]と、社会政策は生活問題をも対象とするとまず前提する。

しかし、労働と生活とを一体のものとしてとらえるべきであるかについては、ジェンダーの視点から、批判的であるとも言える見解を示している。

すなわち伊藤は、たとえば江口英一の研究を批判する中で、「『労働者の状態』を把握するには、『労働と生活』をトータルに把握することが必要だというとき、その『労働と生活』への性別（ジェンダー）の関わりの明確な相異を認識することなしには『労働と生活』を論ずることはできない（括弧種別変更＝引用者〔本節において同〕）」[25]と述べ、階級的視点のみからの、つまりジェンダー視点が欠落した「労働者状態論は、労働力の女性化の進んでいる今日では女性労働者にとってはまず意味も関心もない。」[26]という論点を提示するのである。

---

24) 伊藤〔2008〕p.44
25) 伊藤〔2008〕p.18
26) 伊藤〔2008〕p.18

つまり，労働と生活とは，本章の文脈に沿わせるならば労働問題と生活問題とは一体たるものとして認識すべきであるが，現代の労働者の状態を把握するためのもっとも重要な視点であるジェンダー視点を欠落させてはならない，と批判するのである。

　なるほど，女性労働者の「有効活用」をテコとして現代国家独占資本の強蓄積過程は加速しているのであろうし，女性労働者問題をさておいて労働問題も生活問題も語れないことは事実である。しかし，ジェンダー視点を抜きにした労働＝生活問題研究に関心を持ち得ないのは女性労働者だけではなかろう。

　さて，上記の意味で伊藤の労働＝生活問題論は社会科学的であると言い得るかもしれない。女性労働者からの搾取と収奪が加速的に強化されてきているのはこの経済社会の事実だからである。しかしながら，「生活科学・家政学領域で生活費研究，生活時間研究，生活様式研究に従事してきた」[27]伊藤のする労働＝生活問題規定の前提には，「たとえば賃金要求では，どの程度の賃金水準でどのような生活手段（財やサービス）を購入するのが標準的生活なのか，生活のなかに労働者として何を取り込んでいくべきなのか，今日では環境を配慮したあるべき生活様式とは何かという問題が，賃金要求の根拠として問われなければならない。」[28]という，労働＝生活問題に立ち向かうべき運動は「今ここにあるもの」から逆算していくという，本質論的ではない現象論的理解が見え隠れするのである。

　また，過労死問題に言及する中でも，これを，「労働と労働力再生産を男女で分業するのではなく，それぞれ，自分の労働と労働力

---

27) 伊藤〔2008〕p.42
28) 伊藤〔2008〕p.42

の再生産に責任をもてる働き方への問題への注目」であるとし，ワーク・ライフ・バランス論に配慮した機能論的な説を展開している[29]。この点は，生活の実態分析に取り組む生活科学の限界であるかもしれない。

しかし，後述するが，労働＝生活の実態分析を基礎資料としながら，労働＝生活問題の本質に迫ろうとした研究も存在するのである。

### (3) 社会科学的生活問題論

#### ① 一番ヶ瀬康子の生活問題論

一番ヶ瀬康子は，資本主義生産体制の矛盾が労働条件を悪化させ，その労働条件の悪化（主として低賃金）が労働力再生産過程における労働者の生活困窮状態を生み，そしてその貧困現象は「小生産者，農民などの中間層の生活」[30]にも及び，それらは消極的な反抗，積極的な抵抗，組織的な運動を発生させ，それらによって資本主義の矛盾が社会問題として表面化する，と，まず社会問題の生成メカニズムを社会科学的に規定した[31]。

そして，その社会問題のうち，労働問題が「労働力の消費過程すなわち職場で，また，労働条件，労資関係において明確化するこ

---

29) 「働かせ方」ではなく「働き方」を問題にしているという点にも注意が払われねばならない。
30) 一番ヶ瀬〔1964〕p.19。小商品生産者とは都市の自営業者の意であろうか。これと農民とを労働者と区別することについては少なからぬ問題があろうが，ここではさておくこととする。
31) 一番ヶ瀬〔1964〕pp.20-22参照

と」[32]であるのに対して，生活問題は「生活の営み，すなわち労働力の再生産部面で問題になること」[33]であると規定した。

さらに，その両者は「楯の両面のごとく関連しあっている」[34]と，一体をなすものであることを指摘し，「生活が労働条件とくに賃金によって規制され，またささえられているわけであるから」[35]，労働問題が社会問題のうち，最も基本的な問題であることを説示した。

無論，一番ヶ瀬は，労働問題を重い問題，生活問題を軽い問題と考えたわけではない。なぜなら，一番ヶ瀬は，「資本主義の鉄則は（中略）貧困化の法則により，正常な労働力をもっているものさえも，しだいに労働力を賃金と正常に交換し得ない状況，すなわち失業及び低賃金の危機にさらされてくる。まして正常な労働力をもたないものは，最低限の生活さえもうばわれるという冷酷な傾向が生じてくるのである」[36]と述べ，そうした状況・傾向が生活問題の基礎であると論じているからである。

そしてさらに，労働問題を基本的問題としながら，それと生活問題との性質の相違を明確に規定している。

すなわち，まず，労働問題が基本的問題であることの理由として，生産過程において労働者にとっての「生産物や成果からの疎外」[37]が常態化し，その疎外が「創造性をもった人間性の喪失を生み出す

---

32) 一番ヶ瀬〔1964〕p.21
33) 一番ヶ瀬〔1964〕p.21
34) 一番ヶ瀬〔1964〕p.21
35) 一番ヶ瀬〔1964〕p.21
36) 一番ヶ瀬〔1964〕pp.21-22
37) 一番ヶ瀬〔1964〕p.22

基底であり，また回復への基本的な要求になる」[38]ことをあげた。

それに対して，生活問題の特質は「労働問題に比して個別性が強く，それだけに個々人に心理的な疎外感を深く感じさせる」[39]ところにあり，その心理的疎外感は資本制社会における生活自己責任原則によるものであることを指摘した[40]。

一番ヶ瀬の生活問題規定の方法，すなわち，
 i ）資本制的生産体制の矛盾がまず賃金労働者を貧困状態に追い込み，
 ii ）その貧困状態は勤労諸国民・国民全体に拡大し，反抗・抵抗・運動を生み，
 iii）それら反抗・抵抗・運動が貧困状態を「社会問題」として顕在化させる。そして，
 iv）労働者の生活が賃金に委ねられている以上，基本的であるのは労働問題であるが，
 v ）生活自己責任原則により，生活問題はその担い手により深い心理的疎外感をもたらす。

という論法は，きわめて社会科学的な方法であると言えよう。したがって一番ヶ瀬説は，社会福祉の対象規定への社会科学的接近のた

---

38) 一番ヶ瀬〔1964〕p.22
39) 一番ヶ瀬〔1964〕p.22
40) 「生活は，それぞれの世帯の中で私的にまた個別に営まれているものであり，私有財産制を基盤とした資本主義社会において，その性格はいっそう強調される。そのため，生活をささえる雇用や賃金が，社会経済的な事情や法則によって定められるにもかかわらず，生活自体は，労働者個人個人の責任において，『自助（Self-Help）』することが原則とされている。」（一番ヶ瀬〔1964〕p.22）という指摘である。

めの重要な示唆を含むのではないかと期待させるのである。

　ところが，社会問題対策中の社会政策と社会福祉との関係，そして，生活問題対策中の社会保障と社会福祉との関係に関する規定については，逆に機能論的とも言える立場に立つのである。

　まず，「アメリカ社会学の機能主義的な方法によってとらえた（中略）社会政策が社会をマスとして量的にあつかう，いわばマクロ的（巨視的）な視点にたつ方策であるのに対し，社会福祉事業は社会的人間自体の行動の変容に対するミクロ的（微視的）な視点にたつ技術であるとするとらえ方」[41]を紹介し，これに中立的立場をとる。

　次に，大河内一男と孝橋正一の社会事業規定を紹介し[42]，これらについてもやはり中立的立場をとる。

　そして，社会保障と社会福祉の相違を，「結局，対象にたいする働きかけの方法と働き手がちがうということになる」[43]と，機能論的方法によって説示するのである。具体的には，「一定の経済給付を平均的，一般的に行うのが狭義の社会保障であり，それが発現している個人および社会的な状態に応じた個別的なまた特殊的な処遇をあたえるものが，社会福祉事業である」[44]と，社会福祉を個別・特殊的処遇に限定してしまうのである。

　この点について，孝橋正一による批判を，著者の補足を加えて示

---

41) 一番ヶ瀬〔1964〕p.35
42) 大河内の，社会政策は労働力対策であり社会事業は被救恤民対策であるとした対象規定と，孝橋の，両者の相違は対象者の相違ではなく（対象者はいずれも労働者であり）対象とする問題の相違であるとした規定とを紹介している（一番ヶ瀬〔1964〕pp.36-38）。
43) 一番ヶ瀬〔1964〕p.38
44) 一番ヶ瀬〔1964〕p.40

すこととする。

　社会問題の中で基本的な位置を占める労働問題への対策は社会政策である。その社会政策は平均利潤率の範囲内でのみ実施されるという理論的限界点と，資本が負担をより切り詰めようとすることによる，理論的限界点以下での実際的限界点とを有する。

　理論的限界点を超える部分で社会福祉がはたらくことが社会福祉の社会政策に対する補充性であり，理論的限界点から実際的限界点までの間の生活問題対策をも社会福祉が担うことが社会福祉の社会政策に対する代替性である[45]。

　そして，社会福祉が社会政策を補充・代替するという関係を基軸に，生活問題対策の総体として構成されるのが社会保障である。

　したがって，社会保障は一般的給付であり社会福祉は個別的給付であると規定することは，まず次元の異なるものとものとを並列させているという問題がある。

　ただし，社会保障に「狭義」のということわりを付していることから判断すると，一番ヶ瀬はこれを金銭給付に限定したのかもしれない。しかしながら，社会福祉の方法に限定して考えても，たとえば国民健康保険や国民年金という制度は，資本の直接負担を伴わないという点からみても，生成史から判断しても，その本質は社会政策としての社会保険ではなく社会福祉である[46]。つまり，一番ヶ瀬の言う「平均的・一般的給付」も社会福祉の一方法として実行され

---

45)　孝橋〔1973〕pp.269-270参照
46)　孝橋によると，「国民年金や国民健康保険など保険的方法を以てなされる社会事業の保護などの制度・政策的保護それ自身もまた社会事業の重要な領域を構成」（孝橋〔1973〕p.273）するのである。

ているのであり，それは社会福祉が社会政策を補充・代替するという関係，とくに，社会福祉は，ときとして社会政策の代替物でもあるという関係による。したがって，一番ヶ瀬の社会保障と社会福祉の相違についての理解は非科学的であると言わざるを得ない。

孝橋の，一番ヶ瀬説は「社会政策の持つ意義，性質や役割に関する認識がいくらか希薄ないし薄弱」[47]であり「社会福祉の概念規定（中略）が現象形態的なもの・機能作用的なものに目を奪われ」[48]ているという批判は当を得ていよう。

### ② 相澤與一の説く「生活の社会化」

相澤與一は，「生活」について，まず，「一般に生活というときにはまず消費生活を指す」[49]と前提しながら，「生活は直接に経済における生産または労働によって規定される。(中略) 生活というときには，狭義には消費生活を指すが，とくに労働生活との関連を重視しそれとつながるもの」[50]と述べ，労働と生活とが連続線上にあることを強調した。これは「労働＝生活の社会化」論ともいい得るものであろう。そして労働と生活とが延長線上にあることを前提に，現代における「生活の社会化」が労働者階級の生活問題を増大させると論じた。

すなわち，「金融・独占資本またはその企業による国民の労働と消費生活の支配・包摂の拡大・強化」[51]と「それに対応する国家に

---

47) 孝橋〔1973〕p.277
48) 孝橋〔1973〕p.277
49) 相澤〔1986〕p.20
50) 相澤〔1986〕p.20
51) 相澤〔1986〕p.21

よる経済と社会の組織化による統制,誘導と強制」[52]とを規定的要因として,「資本の蓄積と『産業化』による労働の社会化」[53]と「それに随伴する交通,通信・情報の社会化」[54]が,「増大する労働者を中心に各国民の生活の発達をうながすとともに,生活の貧困化の諸契機をももたら」[55]すと考えたのである。そして,その「消費生活の支配・包摂」の例として,家庭電化・ピアノ・マイカーとクレジット,マイホームと住宅ローンなどの「アメリカ的生活様式」を示す[56]。

この相澤の「労働＝生活の社会化」論は,後述する三塚武男の「労働＝生活問題」論と類似の性質を有しているのである[57]。

### ③ 三塚武男の「労働＝生活問題」論

三塚武男は生活問題を,「資本主義社会のしくみのなかで,社会を動かしている資本の蓄積運動の法則（論理）によって,働く人々とその家族のいのち・健康の維持・増進と再生産が歪められたり破

---

52) 相澤〔1986〕p.21
53) 相澤〔1986〕p.21
54) 相澤〔1986〕p.21
55) 相澤〔1986〕p.21
56) 相澤〔1986〕pp.38-39参照
57) 相澤理論と三塚理論とが類似しているのは決して偶然ではない。知られているように,相澤は服部英太郎の門弟であり,とくに,服部の戦時社会政策に関する理論の再整理（それへの批判を分析することをも含めての）においては卓越している（相澤〔1970〕）。一方の三塚も,労働問題と社会政策（と社会政策と社会福祉の関係）の理解について,孝橋正一からだけでなく,服部からも強い影響を受けていることを自ら述べている（三塚〔1997〕p.2参照）。両者の理論は,服部理論の継承という点で共通しているのである。

壊される現実」[58] であると定義している。つまり，生活問題を単なる労働力の再生産における課題や，単純な商品の購入関係という意味での「消費」における問題ではなく，資本の論理によって「いのちとくらし」が奪われていく問題であると考えたのである。

その生活問題認識，「労働＝生活問題」論は，労働者の生活過程において，「『生活様式の高度化』の名によって社会的に強制される消費支出の種類と量の増大」[59] によるさまざまな収奪の強化が生活問題を生み出すと論じた点で，相澤の「生活の社会化」論と類似の関係にある。

そして三塚は，生活問題の基礎に労働問題があり，両者は不可分の関係にあって，社会問題は現代において「労働＝生活問題」と認識すべきであると考えた。三塚の言う「労働＝生活問題」発生のメカニズムは略述すると以下の通りである。

ⅰ）資本制的生産の発展による雇用労働者の増加と，「資本の蓄積運動にとって最も基本的かつ直接的な労働過程における労働者に対するさまざまな形と方法による分断支配と搾取の強化」[60] が労働運動を引き起こし，諸矛盾が労働問題として顕在化する。

ⅱ）それに加えて，国家独占資本による「生命・健康の維持と再生産にかかわる生活過程におけるさまざまな収奪と競争・分断による支配」[61] が，労働者の生活負担の増大と社会的孤立状態を生み，

---

58) 三塚〔1997〕p.81
59) 三塚〔1997〕p.81
60) 三塚〔1997〕p.81
61) 三塚〔1997〕p.81

これらが「くらしの場におけるさまざまな要求・運動を発展させ」，「いのちとくらしの危機」が生活問題として顕在化する。

　ⅲ）そしてこれらは一体の関係にある。なぜならば，労働者に対する搾取と収奪は重ねて行われ，これらに対する抵抗もまた重なり合いながら展開するからである。よって「生活問題を現代の労働問題の一環として位置づけ，くらしといのち・健康を一体のものとしてトータルにとらえる」[62] 必要がある。

　そして三塚は，この「労働＝生活問題」論を，孝橋理論に強い影響を受けながら，労働者地域生活実態調査によるという実証的研究方法によって確立しようとした。この点についてはⅢ-(2)で詳しく取り扱う。

## Ⅲ 「社会問題」「労働問題」「生活問題」：孝橋理論の発展形態としての三塚理論

### (1) 孝橋正一の「社会的諸問題」論の概要

　孝橋正一は，一般に「社会問題」と称されよう問題全体を「社会的諸問題」と呼び，そのうち，社会の基礎的・本質的課題，すなわち一般に「労働問題」と称されよう問題を「社会問題」と称した。そして，社会における関係的・派生的課題，すなわち一般に「生活問題」と称されよう問題を「社会的問題」と称した。

　そして，社会問題への社会的対応が社会政策であり，社会的問題

---

62) 三塚〔1997〕p.82

への社会的対応が社会事業であると規定したのである[63]。そして，社会問題を「〔（資本主義〔補足＝引用者〕）社会制度の構造的欠陥そのものの直接的な表現であり，また同時にそれへの対応が資本主義制度の構造的運命に直接的にかかわりあっている社会的困難」[64]と規定した。

つまり，いわゆる労働問題から，いわゆる生活問題が次々と生成されるメカニズムを資本主義社会が原理的に有していることを主張したのである。曰く，「労働問題は（中略），普通に社会問題とよびならされているさまざまの形態をとってあらわれる問題群の基底に横たわっているところの，したがってそこから他の形態の社会問題（中略）をなりたたせている基本的存在である」[65]，である。

孝橋理論は大河内一男の社会事業理論を批判的に継承することによって成立した。すなわち，大河内が，社会政策の対象を労働者階級，社会事業の対象を被救恤的窮民と規定したのに対して，孝橋は，社会政策と社会事業の相違はその「対象者」の相違にあるのではなく，両者は同じ労働者階級に属する人々（国民大衆）を対象とし，その「対象課題」を異ならせるのであると論じたのである。

孝橋は，生活問題を，資本制社会の基礎的・本質的課題である労働問題から「それに重ねて，あるいはそれに関連して，またはそのことの結果として，関係的に派生」[66]する社会的課題であると定義した。

---

63) 孝橋〔1972〕p.3参照
64) 孝橋〔1972〕p.34
65) 孝橋〔1972〕p.34
66) 孝橋〔1972〕p.35

そして，社会政策は労働問題と生活問題の一部に対応するが，それは理論的にも平均利潤率を下回らない範囲でのみ行われ（社会政策の理論的限界），実際には，「社会政策費に対する産業負担軽減への資本の志向」[67]によって，平均利潤率確保水準以下で限界点が設定される（社会政策の実際的限界）と説明した[68]。

そして，生活問題のうち，社会政策の理論的限界を上回る部分（「社会政策がもともとそれに対応しない社会的問題」[69]）を社会事業・社会福祉が補充し，社会政策の理論的限界と実際的限界の間の部分（「ほんらい（社会政策が〔補足＝引用者〕）自分自身の課題として対応しなければならないはずの社会問題に対する社会的配慮」[70]）については，社会事業・社会福祉が代替させられると論じたのである（図3－5）。

孝橋のこの理論は，労働問題と生活問題との関係を社会科学的に分析した上で，さらに，それらの課題への対策（社会政策と社会福祉）の構造についても社会科学的に規定したものであると言える。一番ヶ瀬が，社会福祉を個別的・特殊的援助に限定したこととは，この点で大きく異なる。

しかしながら，孝橋の社会科学的社会問題論・社会福祉論は必ずしも多くの研究者によって引き継がれたわけではなかった。その中で，孝橋理論を継承した研究者の一人に三塚武男がいる。

---

67) 孝橋〔1972〕p.43
68) 孝橋〔1972〕p.43参照
69) 孝橋〔1972〕p.44
70) 孝橋〔1972〕p.44

## 図3−5 孝橋理論における社会問題と社会政策・社会福祉との関係

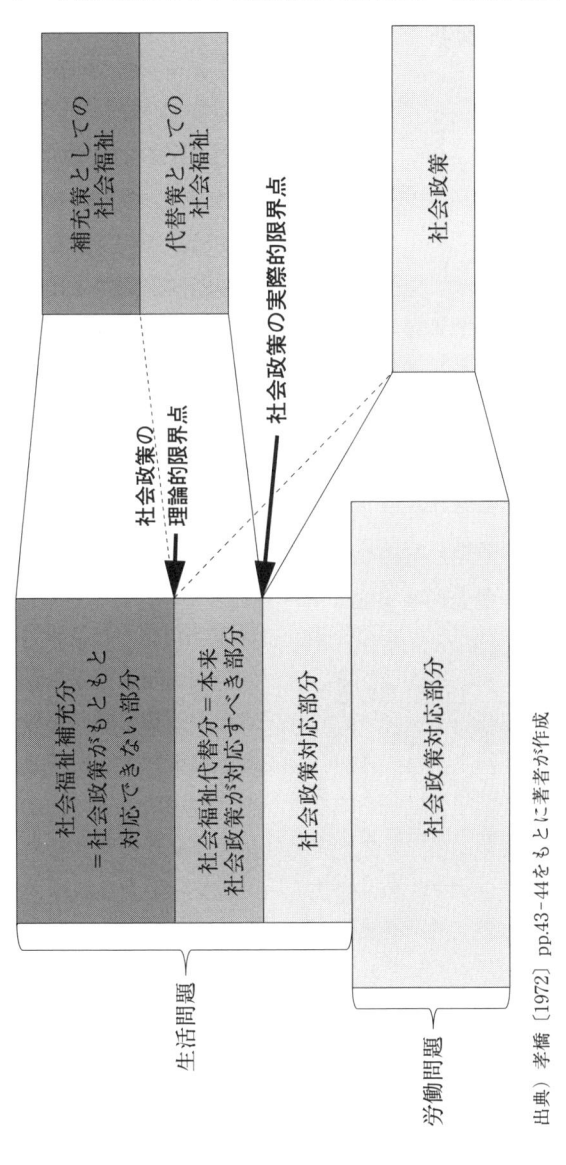

補充策としての社会福祉／代替策としての社会福祉／社会政策の理論的限界点／社会政策の実際的限界点／社会福祉補充分＝社会政策がもともと対応できない部分／社会福祉代替分＝本来社会政策が対応すべき部分／社会政策対応部分／生活問題／社会政策／社会政策対応部分／労働問題

出典）孝橋［1972］pp.43-44をもとに著者が作成

(2) 三塚武男の「『社会問題』＝『労働＝生活問題』」論
  ① 生活問題分析
  a) 基本的視点

　三塚武男は，研究経歴初期において，孝橋の理論[71]に強い影響を受けながら，不安定雇用労働者（日雇，請負）の，さらに進んで言うならば，真っ当な雇用を成立させるとは到底考えられない労働条件で働かざるを得ない労働者たちの，労働と生活の実態に関する質的調査研究に取り組み，その結果・考察を重要な基礎のひとつとして，自らの理論構築を始めた，と言える。

　1960年代後半に行われた，京都市西陣地区で機業に従事する賃機労働者の実態調査研究報告の冒頭で，三塚は，「この四〇年代に入って，西陣機業における『労働力不足』の深刻化や，（丹後も含めて）賃機労働者の労働＝生活と健康破壊の実態に対する問題意識を契機として賃機労働者問題が取り上げられるようになった（括弧種別変更＝引用者〔本節において同〕）」[72]と述べ，労働と生活とが一体であることと，その生活要素のうちもっとも重要であるのは健康問題であることを，すでに強調している。

　そして，同研究報告の「むすび」では，「賃機労働者の家庭では，機械・設備とその稼働による騒音によって居住空間に対する圧迫と浸害が増大している。本来居住空間であるはずの住居はいうまでもなく地域全体が工場＝機業のまち化されているのである。同時に各

---

71) 三塚が，生活問題分析の基本的方法は経済学的方法であると考えていることは，まず孝橋理論に強い影響を受けたことによるのであろう。
72) 三塚〔1968〕p.33

世帯においては，多就業化と家計支出における食費，織機購入費および製織費用経費負担の占める比率が高くなっている。」[73]と述べる。

　すなわちここで三塚は，労働と生活が単に連続線上にあるということだけでなく，劣悪な労働条件（劣悪な労働衛生状態，労働力の価値分割等）が居住空間における日常生活上の問題を引き起こし，それはさらに進んで地域生活問題へと進展しているということをすでに指摘しているのである。三塚が後に集成する生活問題論，すなわち，

　　ⅰ）生活問題を労働力の再生産過程での問題や狭義の消費過程における問題に限局せず，

　　ⅱ）それを「いのち」と「くらし」の問題，つまり，「人間の生命が資本の論理によって奪われる」問題と考え，

　　ⅲ）さらに進んで，生活問題を「現代の労働問題」と定義し，

　　ⅳ）その分析を，社会科学的方法，すなわち経済学的方法を基礎として行いながら，（社会）医学，公衆衛生学，社会心理学，法学などを集積した学際的研究に挑戦しよう，

とした三塚の生活問題分析方法の基礎は1960年代中にすでに築かれていたのである。

　三塚は，1960年代に取り組んだ調査の経験をもとに，その後も近畿各地の労働＝生活実態調査に取り組んだ。そしてその経験をもとに，対面聞き取り調査から地域住民の抱える「いのちとくらし」の問題の階層[74]性と地域性を抽出するという研究方法を確立するこ

---

73）　三塚〔1969〕p.56
74）　三塚は，「階層」として，以下の6区分を調査・研究に用いている。

ととなる。

　b）生活問題の「階層性」

　生活問題の階層性とは，三塚によると，世帯の「生計中心者の就業・雇用と労働条件によって，本人だけでなく家族の健康状態（いのちが削られているという問題＝引用者註）が規定されている」[75]という生活問題の性質のことである。

　そしてこの労働問題を基底にもつ生活問題を「いのちとくらし」の問題であると三塚が考えるようになったのは，「くらしの基盤だけでなく，くらしの条件や内容，水準，くらし方，労働とくらしについての考え方や意識など階層によって違いがあり，それが健康状態にも現れている」[76]ことが，各地の労働＝生活実態調査によって明らかにされたからである（表3－1）。

　c）生活問題の「地域性」

　生活問題の地域性の視点とは，一定地域について，人口・世帯数の動態と人口密度とを指標とした地域類型区分（表3－2）を行い，その地域類型区分に生活実態調査の結果をクロスさせることによって，現れる生活問題の地域類型間の相違や共通性を見出す，という方法・視点である。

　そして，この地域類型化作業と，当該住民の多くが所属する職業階層とをさらにクロスさせることによって，生活問題の構造が明らかになると三塚は考えたのである。この方法は，「生活（ライフ）

---

　　すなわち，①経営者層，②ホワイトカラー層，③ブルーカラー層，④不安定雇用労働者層，⑤自営業者層，⑥無業者層，である（三塚〔1997〕pp.95-96参照）。
75）　三塚〔1997〕p.93
76）　三塚〔1997〕pp.93-94

表3－1　階層別にみた生計中心者の健康状態

| | 全く健康 | 具合の悪いところがある※ | 病気で医者に診てもらっている☆ | ※＋☆ |
|---|---|---|---|---|
| 全　　　　体　　　　層 | 22.1 | 54.3 | 23.6 | 77.9 |
| 経　営　者　層 | 24.1 | 53.2 | 22.7 | 75.9 |
| ホワイトカラー層 | 29.3 | 57.3 | 13.3 | 70.6 |
| ブルーカラー層 | 24.0 | 61.4 | 14.6 | 76.0 |
| 不安定雇用労働者層 | 20.1 | 61.0 | 18.9 | 79.9 |
| 自　営　業　者　層 | 21.3 | 56.0 | 22.1 | 78.1 |
| 無　　業　　者　　層 | 12.4 | 24.2 | 63.4 | 87.6 |

（％）

＝各項目の最高値。

［「全く健康」は、ホワイトカラー層で最高、無業者層で最低。
「※＋☆」は、無業者層で最高、ホワイトカラー層で最低。］

注）「自営業者層」の3項目が合計99.4％になるが（原文ママ）、3項目のほかに無回答が0.6％あるものと推測される。

出典）三塚〔1997〕p.93図表3－3に若干の補足を行い著者が作成

問題分析における階層・地域的分析」の方法と言えよう[77]。

---

77）　三塚〔1997〕pp.59-72参照

表3－2　三塚武男の地域類型区分

| 人口密度＼世帯数の増減率 | 著増 1.3〜1.5倍以上 | 増加 1.1〜1.3ないし1.5 | 横バイ 1.0〜1.1 | 減少 1.0以下 |
|---|---|---|---|---|
| 高 | Ⅲ | Ⅱ | | Ⅰ |
| 中 | Ⅳ | Ⅴ | | |
| 低 | Ⅵ | | Ⅶ | Ⅷ |

出典）三塚〔1997〕p.98図表3－4を著者が転用

### d）「階層性」と「地域性」との総合的把握

そしてさらに，地域住民の生活上の課題を「Ａ：くらしの基盤」「Ｂ：行政の責任による条件整備」「Ｃ：くらしを支える条件」「Ｄ：くらしの中身」の4つに分類[78]し，これらの構造を明らかにした。

Ａは，最も基本的である雇用・労働条件と，いわゆる社会的共同生活手段のことである。Ｂは，施策や設備が「住民が必要なときにいつでも利用できるように整備され運営されているか」[79]である。Ｃは，「くらしに根ざした日頃のヨコのつながり」[80]のことであり，具体的には，家庭内での対話，近所づきあい，相談できる相手の存在，地域・学習活動への参加等である。そしてＤが，「くらしの中身・水準を集中的にあらわしている『健康』」問題である。

ＡがＤを強く規定し，Ｂ・ＣもＤを規定し，ＡはＣをも規定

---

78) 三塚〔1997〕pp.54-56参照
79) 三塚〔1997〕p.56
80) 三塚〔1997〕pp.56

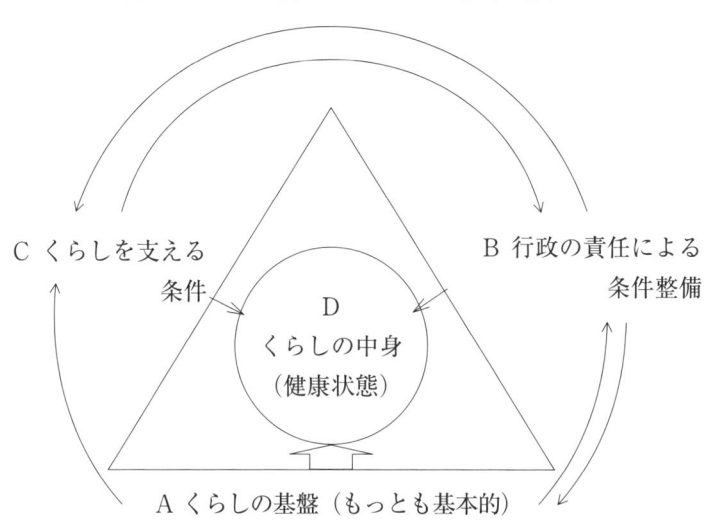

図3−6　生活問題をとらえる基本的な枠組み

C くらしを支える条件
B 行政の責任による条件整備
D くらしの中身（健康状態）
A くらしの基盤（もっとも基本的）

出典）三塚〔1997〕p.55図表2−1を著者が転用

し，AとB・BとCはそれぞれ相互規定することを三塚は明らかにしたのである[81]（図3−6）。

② 労働＝生活問題に対する社会的対策の体系

以上の労働＝生活問題分析をもとに，三塚は，労働＝生活問題対策体系中に占める社会福祉政策の位置と役割とを明らかにした。

三塚はまず，社会的最低生活保障制度たる社会保障制度の前提は，「働く能力と意思をもっている人びとに対しては，雇用とそれに基づく賃金（所得）・労働条件によって本人とその家族の生活が維持できること」[82]であるとする。

---

81)　三塚〔1997〕p.55参照
82)　三塚〔1997〕p.127

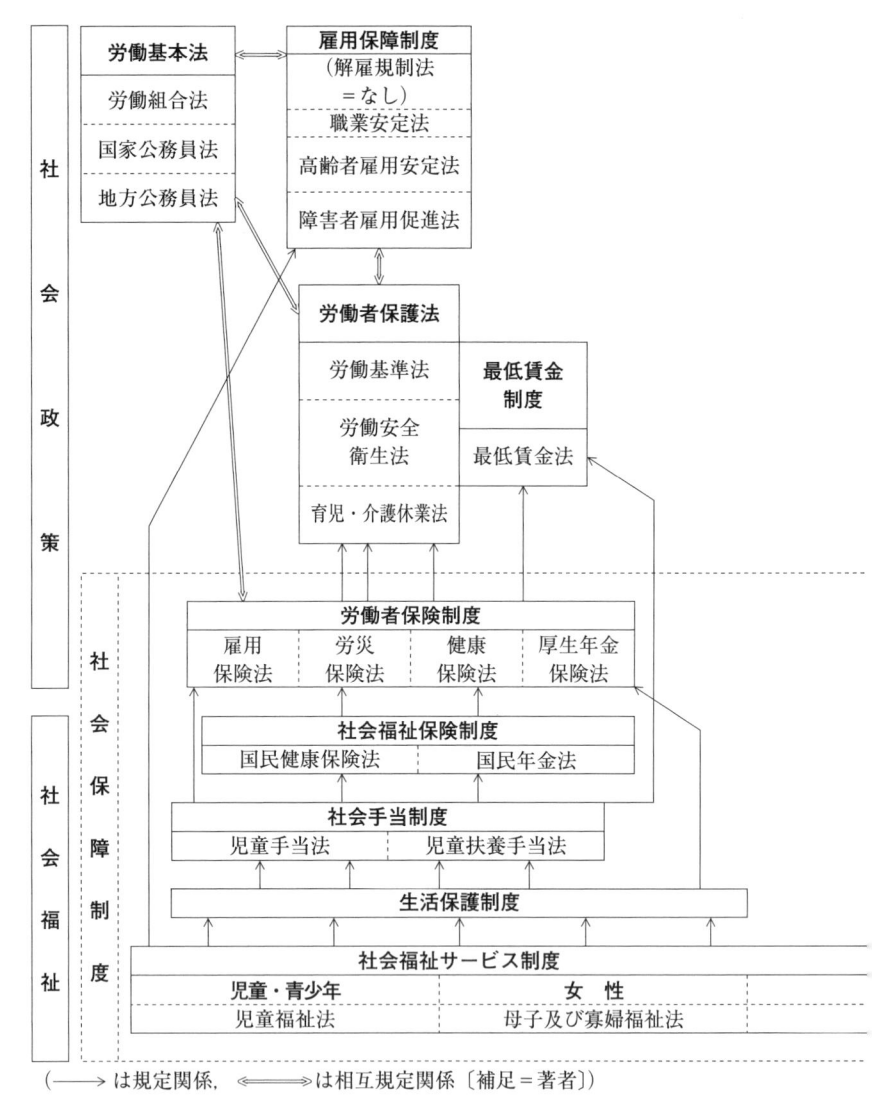

図3-7 社会保障制度の体系と社会福祉の位置

```
社会政策
├─ 労働基本法
│   ├─ 労働組合法
│   ├─ 国家公務員法
│   └─ 地方公務員法
├─ 雇用保障制度
│   ├─（解雇規制法＝なし）
│   ├─ 職業安定法
│   ├─ 高齢者雇用安定法
│   └─ 障害者雇用促進法
├─ 労働者保護法
│   ├─ 労働基準法
│   ├─ 労働安全衛生法
│   └─ 育児・介護休業法
└─ 最低賃金制度
    └─ 最低賃金法

社会保障制度／社会福祉
├─ 労働者保険制度
│   ├─ 雇用保険法
│   ├─ 労災保険法
│   ├─ 健康保険法
│   └─ 厚生年金保険法
├─ 社会福祉保険制度
│   ├─ 国民健康保険法
│   └─ 国民年金法
├─ 社会手当制度
│   ├─ 児童手当法
│   └─ 児童扶養手当法
├─ 生活保護制度
└─ 社会福祉サービス制度
    ├─ 児童・青少年：児童福祉法
    └─ 女性：母子及び寡婦福祉法
```

（⟶は規定関係，⟺は相互規定関係〔補足＝著者〕）

| 公共一般施策 |||||
|---|---|---|---|---|
| 保　健 | 医　療 | 住　宅 | 生活環境 | 教育文化スポーツ |
| 予防接種法 | 医療法 | 公営住宅法 | 都市計画法 | 教育基本法 |
| 地域保健法 | 薬事法 ||下水道法 | 学校教育法 |
| 精神保健福祉法 | 医師法 ||消防法 | 社会教育法 |

| 社会福祉サービス制度 ||
|---|---|
| 老　人 | 障害者 |
| 老人福祉法 | 身体障害者福祉法 |

出典）三塚〔1997〕pp.128-129図表4-3を一部修正して著者が作成

その前提の上に，社会保障制度としては，まず社会政策の一環としての社会保険が基本的施策となる。そして，社会福祉は，その「社会政策としての社会保険制度を，関連的には公共一般施策を，最終的かつ最少限[83]に補完・代替する社会的制度」[84]であるとするのである。

これは，
 i ) 社会保障の前提は完全雇用と労働（労働基準）政策としての社会政策である。
 ii ) 社会福祉は社会保障制度の一環である。
 iii) 社会保障の中の基本的施策は社会政策としての社会保険である。
 iv) よって，社会福祉は，社会保険を最終的・最少限に補充・代替する最低生活保障制度である。
 v ) したがって社会福祉は，生活問題対策のすべてではなく，その「ひとつ」である。

とする社会福祉政策体系論と言い得るであろう（図3 - 7）。

社会福祉を「最終的・最少限の最低生活保障」とする定義は，社会福祉が個別的・対面的サービスに限定されるという意図でなされたものでは無論なかろう。つまり，給付類型が限定されるという趣

---

83) 三塚は「最少限」という語を用いている。これは施策の分量が「最少」であることを強調しようという趣旨によるのであろう。筆者は，施策の対象領域が「最小」であることを強調しようという趣旨から，主として「最小限」という語を用いる。
84) 三塚〔1997〕p.127

旨ではない。それは，三塚がある種の保険制度[85]や扶助制度[86]という一般的給付方法をもってする制度をも社会福祉と規定していることによって裏付けられる。

そうではなく，すべての労働者が雇用を保障されその賃金で生活を営み得る程度に社会政策が機能するとするならば，つまり，孝橋の言葉を借りるなら社会政策が「理論的限界点」まで実行されるとするならば，社会福祉の役割は生活問題対策全体から見れば最終的かつ最小限にとどまるという趣旨であろう。

三塚は，「社会福祉の枠の中だけで社会福祉の固有性（本質）や性格，役割を考えてみても，それを客観的・体系的にとらえることはできない」[87]と述べる。ではなぜ社会福祉を体系的に把握しようとしたのか。それは，「社会福祉とその科学的な理論研究の立ちおくれと混迷」[88]を打開しようとした三塚の意思によろう。

社会福祉実践がなお一層の混迷を深めている現段階で，社会福祉の位置と役割についての社会科学的論究はより重要なものと認識されるべきである。

### ③ 三塚理論についての小括

三塚は，生活問題が労働問題によって引き起こされる問題であることを，すなわち生活問題は「現代の労働問題」[89]と呼べようもの

---

85) 国民健康保険，国民年金等（三塚〔1997〕p.127参照）。
86) 児童手当，児童扶養手当，特別児童扶養手当等（三塚〔1997〕p.127参照）。
87) 三塚〔1997〕p.130
88) 三塚〔1997〕p.131
89) 三塚は，1980年代の段階では「社会・生活問題」という語を用いている（三塚〔1982〕p.244, 247等）。この用法は，社会問題が「資

であることを，勤労住民の職業階層によって明らかにした。

そしてその労働＝生活問題に地域類型区分をクロスさせることによって，「労働＝生活問題の階層・地域性」という視点が生活問題分析において最重要視されるべき視点であることを提起した。三塚はこのような方法によって，生活問題を「さまざまな生活上の課題」として平面的に羅列するのではなく，それらの相互規定性の実証分析（労働＝生活実態調査）による解明に努力したのである。

換言すれば，実証分析によって，「労働問題を基底とした社会問題の全体構造」[90]を，「法則的なものとして」[91]，階層性に加え地域性の視点までをも加味し把握することにつとめたのである。このような方法論をもって労働＝生活問題の本質の理論的解明につとめた研究者は三塚以外に見当たらない[92]。

社会福祉は，労働者として生活する勤労国民に，労働者であるという社会的属性によってもたらされる生活問題への対策のひとつである[93]。そして労働者は自らが属する地域社会の社会的現実に規定

　　本主義的生産関係の維持・再生産の機構，資本の蓄積運動，組織的な階級闘争の発展の度合いなどの関連で構造的に」（三塚〔1982〕p.247。）把握・分析された結果であり，「社会・生活問題」は「現代の労働問題」とほぼ同義であると考えられよう。
90）　三塚〔1982〕p.248
91）　三塚〔1982〕p.248
92）　このような意味で三塚は，社会問題の本質，ならびにその対策である社会政策・社会福祉の本質解明に努力した孝橋理論に，労働者の労働＝生活実態調査という実証分析を加え，これを強化し，発展的に継承したと言えよう。
93）　三塚によるならば，「社会的・階級的に規定された人間存在―その典型が労働者階級である―を基本的な前提として，社会（構造）的に不可避的な生活問題を対象とするのが社会福祉」（三塚〔1997〕

されながら日々の生活を営むのである。労働＝生活実態の社会科学的分析を生活問題対策を講ずる際の最重要基礎資料とすべきという三塚の提起は,「最終的な,最少限の,最低生活保障」のための実践という社会福祉本来の任務を真っ当に果たさせるために有効な理論と評価すべきであろう。

そうであるからこそ三塚の理論は,「科学的な対象認識もなく,岡村（重夫〔補足＝引用者〕）や三浦（文夫〔同〕）にみられるような観念的・個別的なレベルにおける人間の『ニード』論によって課題の社会性・構造性を隠ぺいし認識の次元の相異を理由に（社会問題の構造的把握を〔補足＝引用者〕）現象的なものの平面的な羅列にスリカエ」[94]ようとする理論が主流である中で,社会福祉援助を社会的実践として発展させるために,大きな有効性をもつものと考えられるのである。

## Ⅳ 「『最小限』の『最終的』な『最低』生活保障」の意味：「生活問題対策『のひとつ』としての」社会福祉

以上の先行研究の理論的検討から明らかになったことは以下の4点であろう。すなわち,

ⅰ) 社会福祉の対象課題は,観念的・個別的な個人のニード・ニーズではなく,資本主義社会の構造から生み出される生活問題であること。

ⅱ) その生活問題は,現象列挙的に理解するのではなく,構造

---

pp.167-168) なのである。
94) 三塚〔1997〕p.168

的・社会科学的に，すなわち，労働問題（資本制社会の基礎的・本質的問題）との関連でその本質を理解するのでなければ，対策体系（社会政策，社会保障，社会福祉）との関係を分析する際に有効ではないこと。

iii）生活問題と労働問題との関連は，社会科学的実証研究によってのみ明らかとなること。

iv）対策体系中に一定の位置を占める社会福祉は，生活問題すべてに対応するのではなく，社会政策を補充・代替する最低生活保障制度として，つまり生活問題対策のひとつとしてはたらくこと。

である。

そして社会福祉は，単なる最低生活保障制度ではなく，社会保障制度の中に，歴史的に，「最後の，最小限の，最低生活保障」として位置づけられてきた[95]。われわれ勤労国民には，この社会福祉を逃せばその生活問題に対応する施策，生活を守るものは何もないのである。社会福祉をすべての国民のあらゆるニーズに対応する施策であると考えることは無論誤りであるが，社会福祉を逃せば理論的に他の生活問題対策はあり得ない以上，これを単なる生活困窮者に対する救援施策として限定的に理解することもまた誤りである。また，社会福祉が分量的に拡大していくことを「進歩」とみなすことにはさらに大きな問題が存している。

社会問題に対する基本的政策である社会政策が，とくに1980年代以降後退している。社会保険においては，健康保険制度における被

---

95) 三塚〔2006〕p.4参照

保険者本人一部負担の導入，厚生年金保険制度における給付乗率の引き下げ，雇用保険法に基づく基本手当の給付日数の削減などが，より基本的な施策である労働基準法等の労働保護制度においても女子保護規定の撤廃などが，矢継ぎ早に強行されたのである。

その状況下で社会福祉は，それら切下げ・切り取られた部分すべてに対応させられようとしてきたのである。それは理論的に不可能なのである。不可能であればどうなるか。

社会福祉が背負いきれなくなった課題は，勤労国民の「自助」に戻されるのである。その「自助への逆行」は政策的にも裏付けられてきた。「地域福祉の充実」や，「応益負担論」（「論」に止まらず制度として実行された）など，すべてそのひとつである。

「最後の，最小限の，最低生活保障」しか担うことができない社会福祉に社会政策の課題が押しつけられ，加えて，社会福祉の担いきれなくなった課題が国民の自助努力に押しつけられているという事実を，本章で検討したような社会科学的対象認識と政策分析とによって確認する必要がある。

そして，その「押しつけ」を跳ね返すためには，社会福祉が運動的機能を強化せねばならないであろう。

## V　おわりに：社会福祉実践の有効化へ向けて

以上で明らかとなったように，社会福祉は，社会問題の中の基本的な問題に対応する基本的施策たる社会政策を，社会問題の中の派生的な問題に対応するというかたちで補充する。そしてあるときにはまた，基本的な問題にも対応させられる，つまり代替させられる

という性質をもつものである。

　したがって，社会福祉の量的拡大は，社会福祉の社会政策に対する代替性の拡大を意味するのである。その構造の中で，社会福祉・社会福祉援助実践がなし得ることは何であろうか。

　構造として，社会福祉の実践は，社会保障全体を下からささえるのである。換言すれば，社会福祉には，雇用・労働をめぐる問題と社会政策の矛盾が集中しているのである。下から支えれば，あるいは「下から見れば」さまざまな矛盾を確認することができよう。

　本章で確認した生活問題対策の構造を理解していれば，社会福祉実践に携わる人々，いわゆるソーシャルワーカーは，自らとその目の前に存在する人々とに解決すべき課題として突きつけられた生活問題が，「本来自分たちが担う課題」であるか，「本来担わされるいわれはなく押しつけられた課題」であるのか，峻別することができよう。

　そしてその峻別を基礎に，課題を押し返していく機能，つまり，社会政策の拡充を組織的運動的方法によって要求していくという機能を，社会福祉実践はその最も重要な機能として具有せねばならないのである。すなわち，社会福祉に矛盾が集中させられているという現実をまず確認し，そのことを逆手にとって切り返すのである。もちろん，自分たちに担うことができない課題を放棄せよという意味ではない。生活問題解決へ向けた日々の努力を継続しながら，である。

　幸いなことに，日本のソーシャルワーカー・社会福祉の実践に携わる人々は，専門分野別に組織されたものまで含めると実に多くの職能団体を組織している。「日本社会福祉士会」「日本介護福祉士会」

「日本精神保健福祉士協会」「日本ソーシャルワーカー協会」「日本医療社会福祉協会」「日本スクールソーシャルワーク協会」と，枚挙にいとまがない。これらの団体にとっては，ここで述べるような，いわば「ソーシャルワークの運動的視点」は，おそらく当然のものであってすでに取り組まれているのであろう。

　しかし，本章の冒頭で述べたように，社会福祉が，本来社会政策の課題である問題を担わされて，具体的には就労支援という身に余る業務を負わされて苦しむ[96]中，この，社会福祉実践が，「下から」社会保障のありよう全体を確認し，社会政策の拡充要求により一層取り組むべきであるという視点は，今一度確認されねばならない。

　このような視点から，次章においては，社会政策を，ひいては社会保障制度全体を発展させるための社会福祉実践・社会保障運動の役割について論及することとする。

---

96)　適当な比喩ではないかもしれないが，野球にたとえるならば，「キャッチャーフライをとりに行かされている外野手」のようにである。

〈引用・参考文献〉
　相澤與一〔1970〕「服部英太郎氏の戦時社会政策論の軌跡」『商学論集』（福島大学経済学会）第39巻第2号，pp.159-189。
　相澤與一〔1986〕「戦後日本の国民生活の社会化」江口英一・相澤與一編『現代の生活と「社会化」』労働旬報社，pp.14-75。
　一番ヶ瀬康子〔1964〕『社会福祉事業概論』誠信書房。
　伊藤セツ〔2008〕『生活・女性問題をとらえる視点』法律文化社。
　孝橋正一〔1972〕『全訂・社会事業の基本問題』ミネルヴァ書房。
　孝橋正一〔1973〕『続・社会事業の基本問題』ミネルヴァ書房。
　副田義也〔1981〕「生活問題の範疇と類型」社会保障講座編集委員会編『社会保障講座 第5巻 生活と福祉の課題』総合労働研究所，pp.19-54。
　玉水俊哲〔1971〕「労働者の生活問題(1)―炭鉱『合理化』と現代の『貧困』に関する一資料」『研究紀要』（駒澤女子大学）第5号，pp.51-80。
　中川清〔2007〕『現代の生活問題』放送大学教育振興会。
　三塚武男〔1968〕「西陣における賃機労働者の性格とその実態（一）―労働市場論的アプローチ―」『人文學』（同志社大学人文学会）第109号，pp.32-72。
　三塚武男〔1969〕「西陣における賃機労働者の性格とその実態（二）―労働市場論的アプローチ―」『人文學』（同志社大学人文学会）第114号，pp.33-58。
　三塚武男〔1982〕「現代の社会福祉政策研究の課題と方法」孝橋正一編著『現代「社会福祉」政策論』ミネルヴァ書房，pp.234-265。
　三塚武男〔1997〕『生活問題と地域福祉』ミネルヴァ書房。
　三塚武男〔2006〕「社会福祉を学ぶ―基本的な視点と考え方」林博幸・安井喜行編著『社会福祉の基礎理論〔改訂版〕』ミネルヴァ書房，pp.1-13。

# 第 4 章

「総合的生活問題対策体系」
確立のための社会・労働運動の役割

〈要　旨〉

　社会福祉の内容が多様化するとともに，ソーシャルワーク実践は混迷を深めている。その混迷を解決する一助となるために，本章においては，生活問題対策体系（社会保障制度）における社会福祉の位置と役割の明確化についての理論が提示される。
　社会福祉は，社会保障制度の中で，社会政策を補充または代替する。しかし，社会政策と社会福祉それぞれの範囲は変化する。つまり，社会政策と社会福祉の境界線は移動する。であるから，社会福祉は時として過重な負担を負うこととなる。
　本章では，この変化または移動のメカニズムの明確化の試みが行われ，そのことを踏まえて，「総合的生活問題対策体系」が展望される。
　具体的には，ⅰ）〜ⅲ）が本章の内容である。すなわち，
　ⅰ）社会福祉は生活問題すべてに対応できない。つまり，あくまでも補充策である。この補充物であるという本質がイギリスと日本の社会政策から社会保障への発展の歴史における事実によって明らかにされる。
　ⅱ）日本の社会福祉の代替性が欧米諸国と比較してきわめて強いことが実証される。
　ⅲ）社会福祉の代替性を縮小するためには，労働運動の変容と強化とが必要であることについて説明される。そして，現代の労働運動が雇用・労働の実態に接近できるようになるためには，社会福祉実践の運動的機能が重要であることについて説明される。

## I はじめに

　社会福祉の内容が多様化する中で，社会福祉実践・ソーシャルワークは混迷を深めている。その混迷状況の解決に資する理論を提供しようと，本章は，前章までにおける社会福祉の本質に関する理論史の整理をもとに，社会保障制度という生活問題対策[1]体系における社会福祉の位置と役割とを明らかにすることを目的とする。

　社会福祉は，社会保障制度の中にあって，社会政策（としての社会保険）を補充または代替する役割を担う[2]が，どこまでが社会政策の対応領域であってどこからが社会福祉の対応領域であるのか，すなわち社会政策と社会福祉の境界線・境界域は変化する。

　このことによって社会福祉はときに過重な負担を負わされ混迷することになるのである。本章では，社会福祉の代替性が拡大し続けている事実を示し，社会福祉実践を効果的にするための境界域の設定はどのような方法で可能であるのかを明らかにする。

---

1) 本章，また本書全体で著者が用いる「対策」は，問題を隠蔽することを目的とする対策，たとえば，かつて「各個人，各家庭への責任の転嫁であり，転嫁しきれない者については『人目のつかないところで，ノビノビさせる』（括弧種別変更＝引用者）」（小澤〔1974〕p.46）と批判された障害者対策などを意味するのではもちろんない。それは，問題の構造的性質に適合した制度体系という意味で使用される。

2) 社会福祉が社会政策を補充または代替するという見解そのものについては，実は大きな異論が見当たらない。「補充・代替説」の代表的論者である孝橋正一と論争を繰り広げた岡村重夫も社会福祉の補充性は認めている。違いは，その補充関係が構造的であるのか，一次的な便宜によるのか，という点にある。

そして，社会福祉が対応すべき領域が最小限に設定されこれが最大の効果を上げうる社会保障制度体系，すなわち，「総合的生活問題対策体系」を展望する。

　もとより，社会福祉は，社会保障制度内における生活問題対策「のひとつ」であって，最終的に最低生活保障の役割を果たすのであるから，社会福祉だけが生活問題対策であるのではない。社会政策のひとつの中心である社会保険もまた生活問題対策であり，生活問題のうち，社会政策としての社会保険が理論的に対応できない部分に補充的に対応するという役割を，まず社会福祉は担う。つまり，社会福祉と社会政策の間には，「固定的境界線」が存在する。

　しかし，社会福祉の役割はそれだけではない。社会政策の実際的限界値は一定の条件[3]の下で変動し，生活問題対策の中に社会政策が対応しようとしない部分が生じる。その，社会政策が本来対応しなければならないが実際には対応しなくなった部分を代替するという役割を社会福祉が担うのである。つまり，社会福祉と社会政策の間には「可変的境界線」が存在し，それが，社会福祉の面積が広くなるように引きなおされるとき，社会福祉の代替性は拡大し，その負担は過重となるのである。

　本章では，

　ⅰ）社会福祉は広範かつ複雑な生活問題すべてに対応することが理論的に不可能である。それは，第一に，社会福祉がもともと補充策として登場したという点，第二には，社会福祉に資本負担を求められないことによる財政的制約による。

---

3) とくに，労使の勢力関係。

そして，生活問題にはできるだけ社会政策が対応せねばならず，社会福祉の対応領域は最小でなければならない。そのことを，生活問題が労働問題から派生し，そしてその両者が一体をなす[4]ものとなり，その「労働＝生活問題」への対策が，工場法から社会保険へ，さらにはその社会保険を中心とする社会政策から社会保障へと発展してきたイギリスと日本との歴史上の事実をもとに，あらためて確認することとする。

イギリスを例にとる理由は，基本的には，この国が資本主義の典型的形態を最も早く世界に示したという点にある。そしてこの国においては，第一に，労働者の生活条件が最も早く悪化し，第二に，劣悪な生活条件が最も早く生活問題として顕在化し，第三に，生活問題対策が最も早く実行されたのである。

ⅱ）日本は欧州諸国と比較し，社会福祉の社会政策に対する代替性が異常に強いことを実証する。現在の日本の社会政策・社会保障・社会福祉のおかれている状況を欧米諸国と比較し，日本の特殊性を析出するとともに社会保障制度全体の発展の可能性を展望する。

ⅲ）可変的境界線はできるかぎり社会政策の領域を大きくするように引かれなければならない。それは，社会福祉が社会政策に対する代替性を有するとともに，国民大衆に対する収奪性をも有するからである[5]。そのためには労働運動の強化と変容とが不可欠である

---

4) まず，労働条件が生活条件を規定するのである。
5) 相澤〔1991〕p.235（「臨調『行革』〔括弧種別変更＝引用者：以下同〕の福祉政策は，とくに公的福祉の国庫負担を減らし，その費用負担を国民に転嫁し，低所得者が支払えないほど受益者負担を増やし，国保税や保険料を高めるなどし，しかも諸給付を最低生活さえ

ことを述べるが，現代の労働運動が現代の雇用・労働の状況に対応できるものとなるために社会福祉実践の運動的機能が果たすことのできる役割について私見を述べることとする。

以上ⅰ）〜ⅲ）をもって，冒頭に掲げた目的の達成にできる限り近づきたい。

## Ⅱ 原生的労働関係による労働者の貧困化と救貧施策

### (1) イギリス：19世紀前半までの状況

工場制度を基盤とする資本制的生産関係は，現在俗に先進国と呼ばれている国々で，19世紀中に成立した。

資本主義の発達が最も早かったイギリスでは，19世紀の初頭にすでに資本家による労働力の濫用とそのことによる労働者の生活・健康破壊が凄惨を極めるものとなっていた。

すなわち，低賃金・長時間労働・工場内の不衛生といった労働条件そのものの劣悪さが，病気・けが・住居の狭隘等をひきおこし，それらが労働力の再生産を困難にさせ，さらに，過度の飲酒・遊蕩などのいわゆる社会病理現象を発生させていたのである。とりわけ，女子・年少労働者に対する虐待とも言える工場における処遇は早くに問題視されることとなった。労働者とその家族の生活条件が

---

困難または不可能なほどに引き下げ，足らざるは営利的『福祉』商品の購入で補うべしと，民間保険や『シルバーサービス』の拡張を誘導し援助している。」），三塚〔1997〕p.137（「必要な費用負担が労働者・勤労大衆に転嫁され，つねに一般の生活水準よりも低い水準にとどめておく『劣等処遇の原則』が強化される傾向をもっているのである。」）等参照。

「次々と」悪化させられていたのである。

エンゲルスは，『イギリスにおける労働者階級の状態』の中で，これらの非人間的労働条件が引き起こした，低劣な住居と居住地域・疾病・飲酒と遊蕩などの状況について告発した。

たとえば居住地域についての，「街路そのものは，ふつう舗装されてなく，でこぼこだらけで，きたなく，動植物質の廃物でいっぱいとなり，排水溝も下水溝もないが，そのかわりに，よどんで悪臭のする汚水たまりがある。そのうえ市区全体の建築のしかたが悪く，ごたごたしているために通風が妨げられ，またここでは，多数の人間が小さな空間に住んでいるので，この労働者地区にはどんな空気がおおっているかは，たやすく想像することができる」[6]という記述である。

工業都市の住居については，「ノッティンガムには，ぜんぶで１万1000戸の家屋があり，そのうち7000ないし8000戸は，たがいに背壁を境にして建てられている。そこで，吹き抜けの通風は不可能になっている。そのうえ，たいていは数戸の家に一つの共同便所しかない。最近行われた検査のときに，幾列もの家が，床板だけでおおわれた浅い排水溝のうえに建てられていることが発見された」[7]とエンゲルスは報告している。

劣悪な労働条件が栄養不良，そして疾病をひきおこしていくという状況は，労働者とその家族，とくに年少者にとって深刻であった。

すなわち，「消化の悪い労働者の食物は，小さな子供には，まったくむかない。しかし労働者には，自分の子供にもっと適当な食い

---

6) エンゲルス（全集刊行委員会訳）〔1971a〕pp.91-92
7) エンゲルス（全集刊行委員会訳）〔1971a〕p.107

物をあたえるための資力も時間もない」[8]。「ほとんどすべての労働者は，多かれ少なかれ胃が弱いか，それでもなお自分たちの病気の原因である食事を，いつまでもそのままつづけることを強制されている」[9] と，労働時間と賃金の水準の劣悪さが，労働者とその家族の健康を，いのちを危機にさらすほどにむしばんでいたのである。

体力の弱い子どもたちの状況は深刻で，腺病（腺病質）やクル病が次々と子どもたちをおそった[10]。また，天然痘・麻疹・百日咳・猩紅熱などの伝染病も深刻であった。エンゲルスは，都市部における上記四疾患の小児死亡率が農村の4倍であったことを報告している[11]。

そして，苦しい労働と生活から逃避するため，労働者たちは酒におぼれ，飲酒癖は次の世代へ継承され，労働者とその家族の生活を破壊したのである[12]。つまり，長時間労働と低賃金という劣悪な労働条件が，健康の破壊（と，もちろん適切な医療を受けるための費用の欠落）という一次的な生活条件の悪化を生み，そしてさらにその悪化が，アルコール等への依存，遊蕩に象徴される精神の頽廃という二次的な生活条件の悪化を生み出していたのである。

(2) **日本：19世紀後半（資本主義成立期）の状況**

日本においても，資本主義成立期の，劣悪な労働条件が労働者の

---

8) エンゲルス（全集刊行委員会訳）〔1971a〕p.210
9) エンゲルス（全集刊行委員会訳）〔1971a〕p.211
10) エンゲルス（全集刊行委員会訳）〔1971a〕p.211参照
11) エンゲルス（全集刊行委員会訳）〔1971a〕p.221
12) エンゲルス（全集刊行委員会訳）〔1971a〕pp.212-213参照

生活を破壊していくという状況は深刻であった。

　横山源之助は，全国の労働者の労働・生活状態[13]を詳細に調査し，著書『日本之下層社会』の中で，その深刻な実態を告発した。

　たとえば，桐生・足利地方の女工の労働・生活状態を報告する中では，まず，食事の劣悪さに言及している。すなわち，「かれらが日々食するところの食物と言えば，飯は米と麦と等分にせるワリ飯，朝と晩は汁あれども昼食には菜なく，しかも汁というも特に塩辛くせる味噌汁の中に入りたるは通例菜葉（なっぱ），秋に入れば大根の刻みたるものありとせば，即ちこれ珍膳佳殽（ちんぜんかこう），お鉢引き寄せ割り飯眺め米はないかと眼に涙の哀歌を謡うもの，また宜ならずや。」[14]である。

　労働時間も，早朝未明から深夜10時におよぶことも通例であり，それが11時におよんだり，未明4時より労働させられ粗末な食事以外に休憩時間も与えられないことも珍しくなかったことが，横山により報告されている[15]。

　賃金も，前借金を相殺するために実際には支給されないこともこれまた珍しいことではなかった[16]。劣悪な労働条件と労働力再生産条件の破壊とが重層的に労働者たちにのしかかっていたのである。

　イギリスと同様に，児童が工場で酷使される状況も深刻であった。

---

13)　重要であるのは，「労働」と「生活」ではなくて，「労働に規定された生活」という点である。
14)　横山〔1899〕p.115
15)　横山〔1899〕pp.115-116参照
16)　横山〔1899〕p.118参照

たとえば，阪神地方のマッチ工場では，「職工の過半は十歳より十四,五歳の児童なり，中には八歳なるもあり，甚だしきは六,七歳なるも見ること多し」[17]であった。

同じく阪神地方の紡績工場においては，女工が寄宿舎に収容・管理され，不衛生な状況下で「暑気にあたりて腫物（はれもの）出づる」[18]者も多く，心身の健康を蝕まれながら前借金を相殺するための実質的無償労働に従事させられた。

### (3) 労働者の「いのちとくらし」が奪われるという状況

以上に述べたように，資本主義成立期に，すでに，イギリスにおいても日本においても，労働者たちに強制された苛酷な労働条件は，そのまま健康と家庭・地域生活の破壊状況に結びついていたのである。

賃金・労働時間・労働衛生の低劣な水準が，労働者の「衣食住」を破壊し，健康を蝕み，いのちを危機にさらし，彼らを遊蕩に走らせた。

そして，子どもの健全育成を中心とする家庭・家族の機能は多くの労働者世帯において不全となった。また，彼らの暮らす「地域」は，もはや労働者が労働力の再生産を共同して行うエリアではなく，「スラム」となった。この段階からすでに，生産過程において発生する困難と，労働力の再生産過程において発生する困難とは，分かちがたいものとなっていたのである。

つまり，原生的労働関係下での労働者の貧困化過程において，す

---

17) 横山〔1899〕p.162
18) 横山〔1899〕p.205

でに，生産関係をめぐる困難（劣悪な労働条件）に労働力の再生産をめぐる困難（一次的な生活条件の悪化）が，そしてさらにその上には再生産が全く不可能となった人々の問題（二次的な生活条件の悪化）とが，重層的にあらわれていたのである。

後に，これら複合的貧困現象は，労働運動の成立・発展によって政策課題として認識される（つまり「問題」として浮かび上がる）こととなる。まず，労働条件問題を対象とする社会政策（工場法）が成立した。そして社会政策はやがて，労働力の再生産をめぐる課題（生活問題）を対象にせざるを得なくなった（社会保険）。

社会保険の成立は，生活問題に対応しなければ資本制的生産関係が維持され得ないことを，労働運動の圧力によって国家が認識するに至ったことをその理由とする。社会保険の成立と展開によって労働問題と生活問題が不可分であることが後に証明されたのである（Ⅲで詳述する）。

このように，「労働＝生活問題」の原型は，資本主義初期においてすでに成立していたのである[19]。

### (4) 社会政策の代替策としての救貧施策

労働者とその家族の貧困化が進行する中で，その貧困に対応する国家的施策の基本となったのは，貧困の原因を個人の責任，労働者の怠惰という性向にもとめるという思想であった。

19世紀前半までに，労働条件そのものに対する対策は，工場法として一定程度実現していた（後述）のであるが，生活問題を対象と

---

[19] この点に関して，「いのちとくらし」を一体のものとしてとらえるという視点としては，たとえば，三塚〔1997〕pp.81-85が参照に値する。

する社会政策は未だ実行されず，生活問題には上記の思想に基づく救貧施策が代替対応させられていた。

イギリス救貧法，とくに1834年法（新救貧法）は，労働能力貧民すなわち現代にいう失業者に対する処遇を，労役場での強制労働を課すという方法で行ったのである。そして，その労役場における処遇・救済の水準，つまり被救済者の労働・生活状態は，独立・自活している工場労働者のそれらよりも，実質上・外見上とも劣悪なものでなければならないという，いわゆる「劣等処遇の原則」が採用されたのである。

日本では，初の国家的救貧立法「恤救規則」が1874年に制定され，1929年制定・1932年実施の「救護法」にとってかわられるまで存続した。恤救規則による救済の範囲は老衰者・重病人等で孤立・無援の「無告の窮民」に限定され，労働能力のある者は徹底的に救済から排除された。工場労働者の状況が上述のとおりであったその一方で，である。

いずれにしても，救貧施策の本質は，労働能力貧民とみなされた失業者を暴力的方法で現役労働者に陶冶していくというところに存在したのである。

## Ⅲ 社会政策から社会保障へ

### (1) 労働問題の発生・拡大と社会政策の成立

これらの労働力政策と資本の対応に対して，労働者はまず消極的な反抗（逃亡など）を試み，それらは過激な抵抗（一揆・打ち壊し）に発展し，それらはさらに，組織的労働運動へと発展した。

これらの労働運動は強力化し，全国規模に拡大し，かくして，これらの運動の諸力により，労働者の貧困状態は労働問題として，つまり国家と資本とが何らかの対策を講じなければならない課題として顕在化したのである[20]。

　その，貧困状態が顕在化し労働問題へと発展していく過程と発展した結果の労働問題への対策が社会政策である。それはまず工場法を中心とする労働（者）保護策として具体化した。イギリスでは，1802年法，1819年法，1825年法など数度にわたり工場法が制定されたが，その内容と遵守状況はいずれも不十分なものであった[21]。1833年の工場法になって，ようやく，製糸業を除く9歳以下の児童の労働が禁止された。また，13歳以下の児童の労働時間が週48時間または1日9時間に規制された。あわせて，18歳以下の児童の労働時間が週69時間または1日12時間に規制され，さらには，すべての18歳以下の児童の夜業が禁止された[22]。

　日本の工場法はこれに大きく遅れ，1911年に制定され，1916年にようやく実施された。この時期になると，諸外国においては，週40時間制の要求は労働運動の課題となってきており，その労働運動の成果によって8時間労働制が徐々に獲得されつつあった[23]。しかし日本の工場法（1911年法）によって保護されたのは児童・婦人労働者のみであって，その保護内容も労働時間については1日12時間（業種による例外あり）と，「ILOが日本を特殊国として承認した1

---

20)　一番ヶ瀬〔1964〕pp.20-22参照
21)　エンゲルス（全集刊行委員会訳）〔1971b〕pp.59-60参照
22)　エンゲルス（全集刊行委員会訳）〔1971b〕p.63参照
23)　孝橋〔1963〕p.52参照

日9時間半・週57時間制の例外規定さえふみこえる」[24] 低劣な水準であった。

### (2) 労働保護から社会保険へ:「現代の社会政策」の成立

19世紀後半になると，イギリスの労働運動は，資本主義体制そのものを変革しようとするものよりも，資本主義体制の中で労働者の地位向上を図ろうとする改良主義的なものを中心とするようになった。しかしこの変化は，イギリスの労働者階級の労働・生活状況が極端に改善されたことのあらわれでは必ずしもなかった[25]。

独占資本主義の段階にさしかかろうとするころ，労働運動は，労働条件そのものの改善要求に加えて，疾病・傷害への補償・保障をもその要求課題とするに至ったのである。つまり，「労働力の再生産にとって，工場法は実に基本的重要性をもつもの」[26] であったが，工場法という「基底的社会政策施設のみによっては，疾病（傷害をも含めて）にもとづく一時的なあるいは持続的な，生産過程からの労働力の離脱とそれにもとづく労働力の再生産の障害とは到底阻止されえな」[27] かったのである。

こうして，社会政策は，生産関係をめぐる問題すなわち狭義の労働条件問題だけでなく，労働者とその家族の労働力再生産問題，つまり生活問題へとその対象領域を拡大する必要に迫られた。その拡大された社会政策の領域が社会保険である。

---

24) 孝橋〔1963〕p.53
25) 小川〔1961〕p.136参照
26) 小川〔1961〕p.137
27) 小川〔1961〕p.137

社会保険は，周知のとおりドイツの「ビスマルク三部作」をその嚆矢とし，イギリスでは1911年の「国民保険法」（第一部＝疾病保険，第二部＝失業保険）をその本格的なはじまりとする。社会保険が社会政策の有力な方法のひとつとなることによって，社会政策は，狭義の労働条件問題だけでなく，生活問題対策へとその守備範囲を拡大させたのである。この拡大した社会政策を「現代の社会政策」と呼び得よう。

### (3) 社会保険の限界と「社会保障」：「社会政策から社会保障へ」

しかし，第一次世界大戦後の大量失業の慢性化によって，社会保険はその経済的存立基盤を失う。とくに失業保険制度はほぼ完全にその財政を破綻させる。

しかしながら国家は，失業保険・社会保険を解体させ，失業労働者の生活苦を放置するわけにはいかなかった。なぜなら，国家が，全般的危機という状況下で資本制的生産を維持・存続させるためには，思想的基盤を変質させながらも強大化した，失業労働者対策を最も有力な要求課題のひとつとする労働運動を懐柔する必要があったからである。失業問題を緩和する「資本主義の安定化装置」を国家は必要としたのである[28]。

そこで，従来の救貧法・救済事業が社会扶助へと改編された。社会扶助の中心は失業扶助制度であり，これが経済的限界を露呈させた社会保険・失業保険を補充する役割を担うに至ったのである。加えて，民間において行われていた慈善事業が，国家的管理の下にお

---

28) 本書第1章pp.24-25参照

かれるようになるという形で社会事業へと発展した。慈善事業は，とくに，前述の「二次的な生活条件の悪化」に対してもともと講じられたものであった。これが，破綻した社会保険を中心とする社会政策を補充する役割を担わされた社会事業の中心のひとつとなったのである。

　もちろん，救貧法がただ名前だけを変えて社会扶助になったのではなく，慈善事業と社会事業との相違が国家による統制の有無だけにあるのではない。社会扶助には劣等処遇原則はもはや存在せず，社会事業には公的な費用の保障が約束されるのである。

　つまり，救貧法と慈善事業とが近代化し，資本主義的限界（経済的限界）を有さざるを得ない社会保険を補充する「資格」を獲得したのである。言い換えると，もともとは労働力の保全という資本主義の中心的課題の埒外にあった課題に対する営み（生産が不可能となった人々[29]に対する営為）であった慈善事業をも導入しなければ，社会政策という資本主義の安定装置をもって国民を懐柔することが国家にとっては不可能であったのである。そしてこの社会扶助と社会事業とが有機的に結合して現代の社会福祉へと発展したと考えられよう。

　このようにして，社会政策としての社会保険を，救貧法を源流にもつ社会扶助と慈善事業を源流にもつ社会事業とが補充するという

---

29）　もちろん，社会政策は「生産を担う人々」を対象とし，慈善事業（後の社会事業のひとつ）は「はじめから生産の埒外にいた人々」を対象としていた，という区分を行っているのではない。同じ労働者階級に属する「ある人」が，現に生産を担う存在である場合に社会政策が対応し，現実には生産を担えなくなったときに慈善事業・社会事業が発動した，という意味である。

形で，国家独占資本の社会政策とも称すべき社会保障が，雇用労働者のみならずすべての国民に対して原則として無条件に最低生活を保障する政策体系として考案され，すべての国民に生存が「約束」されたのである。つまり国家には，資本主義の根本原理である「生活自助の原則」と矛盾させてまで，国民に生存を約束する必要があったのである。そして，この「約束」によって，資本制的生産体制を安定させようと考えたのである。

そして社会保障は，その本質は体制安定装置であるという点にもとめられようとも，労働・生活問題に対する総合的対策体系として発展していく根拠を持ち得たのである。

### (4) 日本の社会保障の特殊性：世界史上の事実に照らして

以上の歴史的事実を踏まえるならば，社会保障制度が労働・生活問題対策体系として成立するためには，以下の3点が必要となる。すなわち，

ⅰ) 社会政策としての社会保険が，資本の平均利潤率確保水準まで拡充すること。つまり，すべての雇用労働者が社会保険に包括されていること。

　資本主義社会である以上，企業が利潤を追求するのは当然である。しかし，一定以上の「暴利」を得ることは許されない。労働力を使用することによって企業は利潤を獲得する。したがって労働力保全は企業の利益に叶う。ゆえに企業は，一定水準までは「身銭」を切らなければならないのである。

ⅱ) 労働者の家族に対する給付は，社会保険もその責任の少なからぬ部分を担うが，社会手当（＝社会扶助）が拡充され，社会

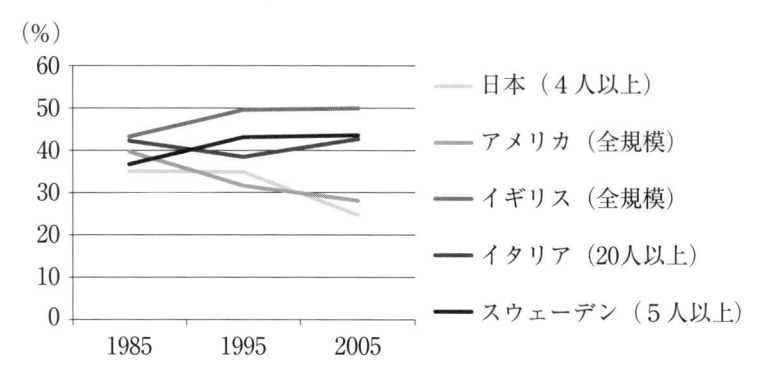

図4−1 製造業における労働分配率の推移

(凡例)
- 日本（4人以上）
- アメリカ（全規模）
- イギリス（全規模）
- イタリア（20人以上）
- スウェーデン（5人以上）

出典）財団法人日本生産性本部編〔2010〕，p.189により作成

　　保険を補充すること。
ⅲ）生活保護と社会福祉サービスは，最終的な最低生活保障システムであるが，そのことが給付の選別性につながらないよう（事実上の劣等処遇とならないよう）制度設計されていること。
　　ゆえに，生活保護行政におけるミーンズテストは緩和される必要があり，社会福祉施設サービスにおける居住条件の劣等処遇的設定は改められなければならない。
である。

ⅰ）〜ⅲ）に関して，日本の現状はどうであろうか。
　ⅰ）この条件を満たす水準を大きく下回っている。
　まず，この前提である雇用・労働条件について概観すると，そのうち最も基本的な賃金水準に関して，たとえば，日本の労働分配率は比較すべき諸国のそれを大きく下回っている（図4−1）。そし

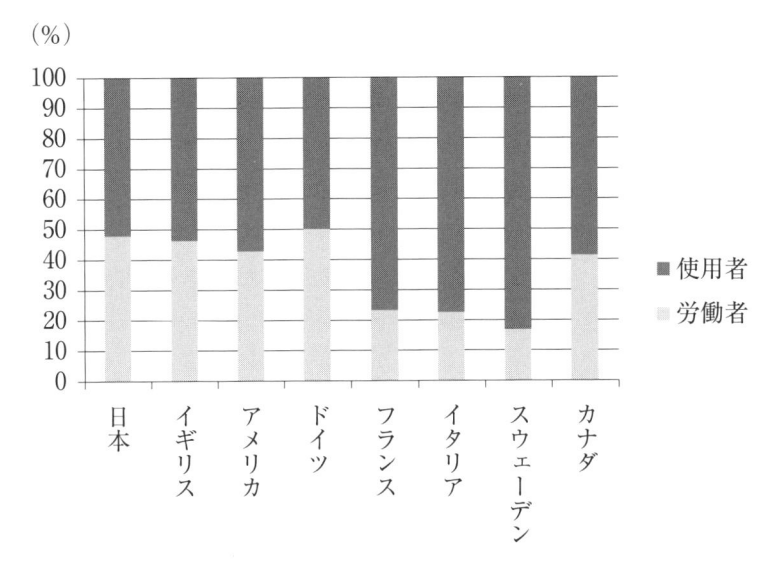

図4－2　日本と欧米諸国の社会保険料労使負担割合比較

(%)

■ 使用者
□ 労働者

出典）独立行政法人労働政策研究・研修機構〔2010〕により作成

て，生活問題対策としての社会保険（健康保険，厚生年金保険）においては，非正規雇用労働者の排除等の問題があるだけでなく，労働保険においても，労働者災害補償保険制度の適用漏れや，雇用保険制度上の失業等給付の水準の低下・漏給という問題がある。すなわち，制度設計そのものの問題と運用上の問題との両方が存在しているのである。

また，社会保険料の労使負担割合についても，日本はほぼ折半[30]であるが，多くの欧米諸国は使用者が半分以上を，フランス，イタ

---

30）　日本の社会保険使用者負担割合は52.2％であり，厳密には使用者は折半よりも多い負担をしている。しかしこの「2.2％」は，雇用保

リア，スウェーデンに至っては4分の3以上を負担している（図4-2）。

　無論これら欧米諸国においても社会政策の限界は存在する。したがってこれらの数字は，日本の資本が，低い社会政策負担によって，平均利潤率確保水準を大きく上回る利潤を獲得している（社会政策負担を削減して高蓄積を継続している）ことを，そしてそのことによって，日本の社会政策水準は理論的限界をはるかに下回る水準にとどまっていることを意味しているのである。

　ⅱ）その社会保険の足らざる部分を第一に補充するのは社会手当制度である。ヨーロッパ諸国では，年金保険・失業保険の不足分に対応する無拠出年金・失業扶助等の補足給付が準備されている[31]が，日本はこのような制度を全くもたないに等しい。かろうじて，児童手当と児童扶養手当・障害児者関係手当が存在しているが，金額がきわめて低い，所得制限がきわめて厳しい等の問題がある。

　ⅲ）そしてこれらを最終的に補充し，最小限に最低生活を保障するシステムが生活保護制度と社会福祉サービス制度である。しかしながら日本のこれらは，きわめて厳しい資力調査[32]（ミーンズテス

---

　　険の「雇用保険二事業」という，企業への助成金等に還元される部分に対して使用者だけが負担する保険料の分であり，生活問題対策という意味での社会保険の負担割合は折半であると言ってよい。
31) イギリスの「無拠出退職年金」（財団法人厚生統計協会編〔2009〕p.286），フランスの「老齢被用者手当」（財団法人厚生統計協会編〔2009〕p.291）「特別連帯給付」（独立行政法人労働政策研究・研修機構〔2007〕p.111），ドイツの「失業扶助Ⅱ」（独立行政法人労働政策研究・研修機構〔2007〕pp.54-55）等。
32) 生活保護は最後の最低生活保障であるから，資力調査が行われること自体はやむを得ないと考えられるかもしれない。しかし，生活に

ト。「資力」であるから，労働能力，すなわち個人の肉体の状況まで公的に問題とされる。）と劣悪な居住条件を強要する前近代的劣等処遇観のもとに存在する。

　これらの状況を改善するためには，施策を整備・充実させる順序の錯誤があってはならない。
　社会問題の中の基本的な問題は労働問題であるから，失業を最低限にとどめ非正規雇用の名で呼ばれる半失業を殲滅させる完全雇用システムを基底的条件とする，社会政策の中でも基本的な施策である「労働＝社会政策」の充実（全国一律最低賃金制の確立，公正な労働基準の実施，労働組合政策の拡充）がまず必要である。
　そのうえで，労働保険制度（労災保険，雇用保険）の，次いで社会政策の中で生活問題対策の役割を担う医療・年金保険の拡充が必要となる。
　そして，以上の拡充が実現するならば，社会手当[33]を含む社会福祉は社会政策を補充するのであるから，その役割は最小限にとどめられるのである。したがって，たとえば「まず生活保護の充実を」などと言うのは歴史上の事実を踏まえない非科学的な主張であると言えるのである。

---

　　とっての「ミニマム」が，賃金においても，社会保険給付においても設定されていないに等しい現況においては，生活保護制度の運用においてミーンズテストが厳格に行われることが，国民の生活にとってのミニマム全体を崩壊させることにつながるのである。
33)　たとえば，現在の「子ども手当」にしても，子どもを産み育てる労働者家族の生活にとっての基本的条件である労働＝社会政策がまず整備されなければ，現実的意味をもたない。

さて，平均利潤率確保水準まで資本を譲歩させ，その水準まで社会政策を拡充させる力となり得るのは社会運動であり，その中心は当然組織的労働運動であり，さらに言うならば，労働運動の活性化によって築かれる現代的な新しい労使関係である。内部労働市場と正規・終身雇用を前提とした労働運動は変質しなければならないのである。

　そして，社会政策が理論的限界まで拡充したにもかかわらず労働者の労働・生活問題を解決し得ないとき，それを補充する施策を引き出すのも，間接的には（＝連携すべき社会保障運動を媒介して，という意味で〔後述〕）労働運動の役割である。つまり，労働運動は狭義の労働条件闘争に終始するのでなく，本来，生活問題対策へとその対応課題を拡大していかなければならないのである。

　生活要求を掲げ，新たな労使関係を築くことによって生活政策（生活問題対策）を実現しようとする営為によって，労働運動は活性化するであろう。前述のイギリスの経験はこのことを証明していよう。

　しかしながら，日本の労働運動は，近年，社会政策・社会保障を改善する大きな力となり得ていない。すぐ上の言葉で表現するならば「活性化」していないのである。この点をどう考えるべきであろうか。

## Ⅳ　総合的生活問題対策体系確立の要件としての労働運動の活性化とそのための社会福祉実践・社会保障運動の役割

　社会福祉は社会政策を補充・代替する（補充するだけでなく，代

替的な機能をも担わされる)。と同時に，社会福祉実践の運動的機能（潜在化した「状態」を「問題」へと顕在化させる機能）の発展形態である「社会保障運動」は，社会政策の拡充をうながす労働運動を補充・代替する，とここでは考えてみることとする。

つまり，現在の労働運動が本来の課題を現在担いきれず，社会福祉実践の発展形態としての社会保障運動によって代替されざるを得ない状態にあるのではないか，という仮説である。

もちろん，社会福祉援助サービスは，本来的に運動的側面や制度・政策の開発・改良的側面を有しているのではなく，また，社会的実践としてもその条件を備えていないかもしれない。つまり単なる法制度の実行過程（「事業」）でしかないかもしれないのである。社会福祉が「事業」を通じて，対象者の生活条件の悪化という「状態」を，政策対象課題としての「問題」へと顕在化させるという機能を意識的に実行しようとするとき，つまり，事業が明確な社会的目的をもって組織的・集団的・継続的に実行されるようになるとき，その援助は社会的実践としての条件を備えはじめるのである。

この社会福祉実践またはその発展形態としての社会保障運動[34]が，労働運動の機能を代替しているとすれば，その関係は，社会福祉の社会政策に対する代替関係と同様と考えるならば，望ましくない。解消へ向かわなければならない。ではどのような方法でこの代

---

34) 社会福祉が生活問題対策中の最終的社会的対応であるとするならば，社会福祉以外の生活問題対策の不備・欠落のしわ寄せはすべて社会福祉が担わなければならなくなる。そうすると，社会福祉実践は生活問題の解決という社会的目的を達成するために，社会福祉以外の生活問題対策の拡充を希求せざるを得なくなるのである。これが社会福祉実践の社会保障運動への発展のメカニズムである。

替関係の解消は可能であるのか。

整理しながら具体的に述べよう。

## (1) 社会福祉実践の労働運動に対する補充性

生活内容のうち，少なくとも労働力の再生産に直接関わる部分は労働内容と一体をなす。それゆえ，生活条件の悪化の一定部分（失業・疾病・労働災害・多子による所得の喪失または減少）は劣悪な労働条件によって直接に引き起こされる。

したがって，潜在化した劣悪な労働条件を労働問題として顕在化させる役割を担う労働運動はまた，生活条件の悪化（貧困）のうち，この労働力の再生産に直接関わる部分にも接近し，これを生活問題として顕在化させ，社会政策の課題として政策主体に認識させる役割をも担わねばならない。

そして，上記「劣悪な労働条件＋生活条件の悪化のうち労働力再生産に直接関わる部分」はさらに副次的・二次的または間接的に生活条件の悪化（重度障害，難病，依存，遊蕩等[35]）を引き起こすが，これは狭義の労働力の再生産に直接には関わらない部分[36]である。

---

35) これらの状態が労働条件と無縁であると述べているのではない。労働条件の悪化によって直接に引き起こされる生活条件の悪化が二次的または間接的に引き起こす状態であると述べているのみであって，第一の原則として確認されねばならないのは，すべての生活条件の悪化は「何らかの形で」労働条件の悪化によって引き起こされるという歴史的・科学的事実である。

36) 当該状態に陥った労働者が，現役労働者として復帰することが通常見込まれないなどの，社会的に対応されねばならないことは当然であるが，資本の負担を要求することが実質上困難である状態を指す。これらの状態が問題として顕在化したときの社会的対応策は，資本負

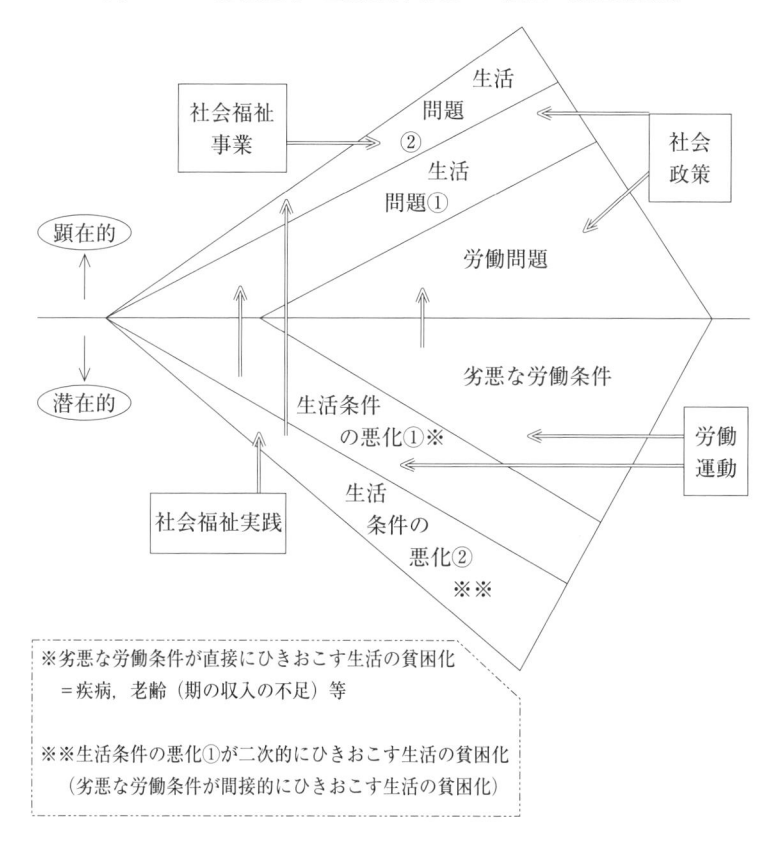

第4章 「総合的生活問題対策体系」確立のための社会・労働運動の役割　151

図4－3　労働運動の生活条件悪化への接近・顕在化機能

```
                          生活
          社会福祉          問題
          事業    →        ②              社会
                                          政策
                          生活
                          問題①
                                ⇐
   顕在的                労働問題
    ↑
    ↓
   潜在的              劣悪な労働条件

                     生活条件                労働
                     の悪化①※     ⇐        運動
          社会福祉実践
                      生活
                      条件の
                      悪化②
                         ※※
```

※劣悪な労働条件が直接にひきおこす生活の貧困化
　＝疾病，老齢（期の収入の不足）等

※※生活条件の悪化①が二次的にひきおこす生活の貧困化
　（劣悪な労働条件が間接的にひきおこす生活の貧困化）

したがってこれらには原則として労働運動は接近することを得ず，生活問題として顕在化させる機能を発揮することができない。本来は，この部分についてのみ社会福祉実践は接近し生活問題として顕在化させればよいのである（図4－3[37]）。このことを「社会福祉

　　担を求めることが困難である以上，社会福祉以外にない。
37）　図4－3中上部半分の三角形は，孝橋〔1969〕p.209の「社会事業

実践の労働運動に対する補充性」と呼び得よう。

### (2) 社会福祉実践の労働運動に対する代替性

しかし，日本の労働運動は，現代において，パート，派遣，請負，有期契約などの「新しい」「多様な」雇用形態，言い換えると失業・半失業の多様な現代的形態へさえ対応できているとは必ずしも言えず[38]，失業問題を中心的対策課題とする社会政策の拡充要求に関して言うならば，十分に機能していないかもしれないのである。新しい形の労働条件悪化問題に接近することさえ不十分なのであるから，そこから派生する生活条件の悪化に対応できているとは考えがたいのである。つまり，労働条件の悪化が引き起こす生活条件の悪化を生活問題として顕在化させるという機能を十分に果たせていないのである。

そのことによって，現在，生活条件の悪化・貧困化は，労働力の再生産に直接関わる部分についても「社会政策の対象課題としての生活問題」として顕在化されておらず，生活の貧困状態にはすべて社会福祉実践が対応する以外なくなり，あらゆる生活貧困状態が

---

の補充性と代替性との関係図表」に，記号を削除するなどの修正を加えた上これを転用したものである。
38) たとえば，近年におけるパート労働者の推定組織率について言うと，2000年の2.6％から上昇を続けているものの，2007年においてもわずか4.8％である。では多くの労働組合がパート労働者の組織化に取り組んでいるかというとそうではなく，厚生労働大臣官房統計情報部『平成15年労働組合実態調査報告』によると，実に72.3％の労働組合が特別に組織化の取り組みをしていないのである（財団法人連合総合生活開発研究所〔2009〕pp.1-2参照）。つまり，労働運動が時代状況に適合していないのである。

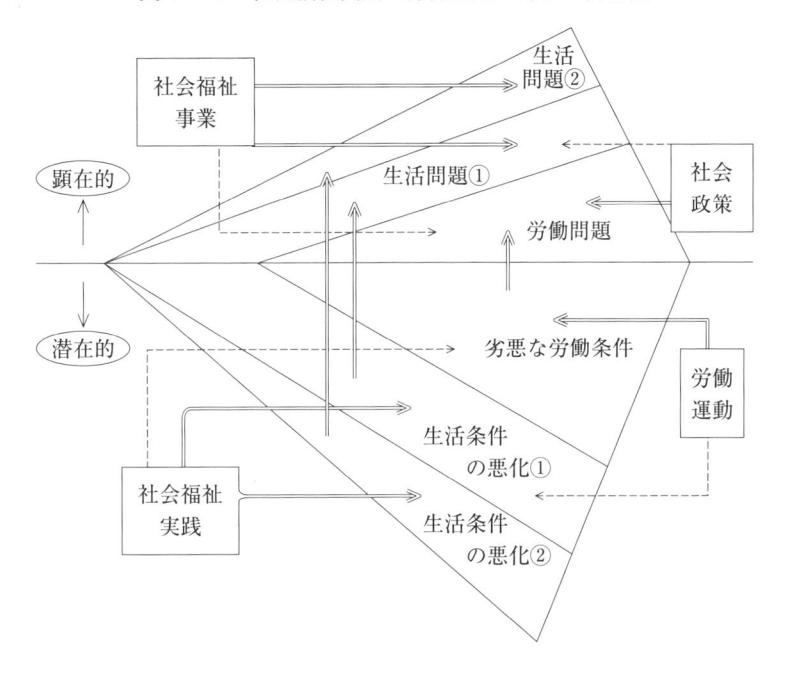

**図4－4　社会福祉実践の労働運動に対する代替性**

「社会福祉の対象課題である生活問題」として誤って顕在化してしまっているのである（図4－4[39]）。

そうして，社会政策が本来対応すべき領域が社会福祉によって代替対応されるのである（「社会福祉実践の労働運動に対する代替性」）。さらには，あたかも社会福祉が万能であるかのような誤解さえも生まれるのである。

---

39）　図4－3と同様である。

(3) **社会福祉実践から「社会保障運動」へ**

　社会福祉が，その実践過程において，分不相応な代替の事実を自覚するとき，その運動的機能[40]は，社会福祉の内的充実を希求するとともに，社会政策の，とくに社会政策のうちの生活問題対策部分の拡充を要求する。つまり，労働運動の代替物として機能しながら「社会保障運動」としての側面を強化させるのである。

　それは，労働運動が，上述のように，個々の労働者の生活上の課題につねに自覚的であるのではなく，むしろ狭義の労働条件についてのみ自覚的であることが少なくないからである。

(4) **社会保障運動と労働運動との連携**

　しかしながら，社会政策の生活問題対策部分の拡充は，労働条件の悪化によって直接引き起こされる生活条件の悪化への接近・顕在化がその前提であって，その機能を本来社会福祉実践は担いきることができない。それは本来，労働運動によって担われねばならない機能である。

---

40) 著者が，「社会福祉の運動的機能」と言うとき，それは社会福祉の本質が運動であると定義しているのではない。社会福祉の本質は，それが社会政策と同様に資本制的生産体制の維持・存続を目指すという，政策にとっての合目的性である。しかし，生活問題に個別対応するという機能を有する社会福祉実践は，その問題の難解決性に日々直面し，問題を生み出す体制変革へとその機能を発展させることとなる。この発展した機能が組織化されると，社会福祉内部の充実だけでなく社会保障全体の発展を希求するようになる。これが社会保障運動である。「社会福祉の運動的機能」という語を，著者は，社会福祉実践を社会保障運動へと発展させていく日々の実践が有する力動という意味で用いる。

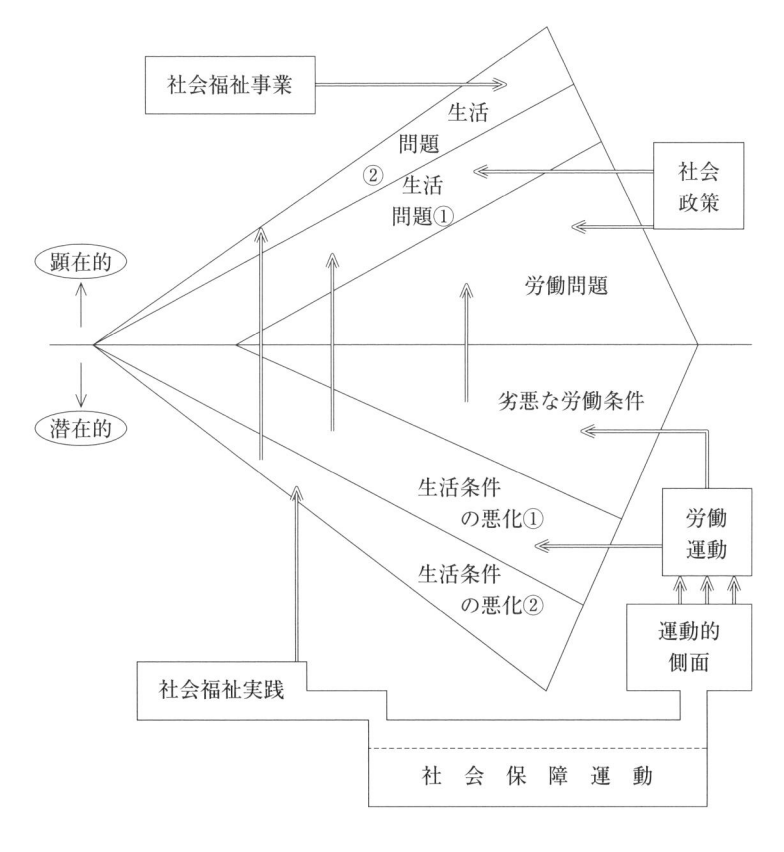

### 図4－5　社会福祉実践との連携による「新たな労働運動」の構築

[図：社会福祉事業、社会政策、生活問題②、生活問題①、労働問題、劣悪な労働条件、生活条件の悪化①、生活条件の悪化②、顕在的／潜在的、社会福祉実践、労働運動、運動的側面、社会保障運動]

　そこで社会福祉実践は，自らの運動的側面を強化しながら（社会保障運動としての側面を濃厚にしていきながら），労働運動に対して，上述の顕在化機能を発揮するように要請するなどの働きかけを行う必要がある。

　つまり，労働運動が個々の労働者の，顕在化していない，つまり社会政策の対象としての生活問題となっていない生活上の課題・生

活の貧困状態(のうち,少なくとも労働力の再生産に直接関わる部分)を自覚するための条件は,労働者の生活課題に日常的に向き合う社会福祉・ソーシャルワーク実践が社会保障運動へと発展[41]し,これと労働運動とが緊密に連携し合うところに存在するのである(図4－5[42])。

### (5) 連携の具体的方法

以上のように,労働運動と社会福祉実践の発展形態である社会保障運動とは,その代替関係を認識し,そしてその関係を解消していくべく,連帯・連携・共同しなければならない[43]。そうすることによってのみ社会政策の生活問題対応部分は拡充され,社会福祉は本来の任務を充実させ,社会保障制度全体が発展するのである。

社会福祉実践・社会保障運動と労働運動との連携の形態としては,

　i )　対人直接援助実践が社会保障運動へと発展する中で労働運動と連携する。

---

41)　この視点については,本書第2章pp.74-75参照。
42)　図4－3・図4－4と同様である。
43)　この点に関して幾分懸念されるのは,「福祉」という語が労働組合に「福利厚生」を想起させ,社会福祉との連携を躊躇させるのではないか,という点である。産業福利厚生が「雇用主への労働者の精神的身体的従属性をもたらしあるいはそのために利用せられ,また労働運動のおしよせる波への(雇用主にとっての〔補足＝引用者〕)防堤をきずき,そして低賃金への弁解役をつとめてきた(孝橋〔1951〕p.14。)(旧字体は新字体に変更＝引用者)」ことは事実であろうからである。しかしながら,労働組合の福利厚生に関する意識・認識についての確認は本書中ではなし得ず,別論の課題とせざるを得ない。

ⅱ) 地域生活調査・社会福祉関係計画策定の活動が労働運動と連携する。

という二つが考えられよう。

ⅰ) には，まず前提として，社会福祉援助者たちがその実践の中で，対象者のおかれている状況が自分たちに可能な援助内容だけでは解決され得ないことに気づき連帯し，自らを組織化することが必要である。

そして連帯した援助者たちが社会福祉施策の拡充要求だけでなく社会政策の拡充要求に取り組もう，つまり社会福祉実践を社会保障運動へと発展させていこうとするとき，その要求は政策主体たる国家へと向かう[44]。

しかし，社会保障運動が，社会政策には資本の譲歩・負担を伴わねばならないという基本的な事実を確認するとき，社会政策の拡充には労働運動による公正な労使関係の構築が不可欠であることに気づくことができるはずである。この，「社会福祉は万能ではない」という点についての覚醒を契機とする社会保障運動と労働運動との連携が第一の形態である。

とは言え，社会福祉実践は介護・介助・養護等の直接援助だけをその内容とするのではない。社会福祉協議会などが主体となる各種の生活実態調査，そしてそれらを基盤とする各種社会福祉関係計画の策定などもその内容である。ⅱ) は，それら調査・計画策定活動

---

[44] しかし，このような「事業→実践→運動」という発展の姿も，それを実現する条件も，現実的には乏しいかもしれない。それを実現するためには，事業・実践に携わる人々の組織化と職能団体の活性化が重要であると思われるが，これらの点は本書において直接に取り扱う内容ではなく，別論にゆずることとする。

が労働組合・労働運動を巻き込んでいくという方法である。

　調査等に携わる人々は，地域住民の生活破壊が労働条件の悪化を基盤に進んでいることに気づくであろう（または気づかねばならない）。であるならば，その生活破壊状態を顕在化させる，つまり生活問題化することができたとしても，その生活問題への対応は社会福祉だけで担えるものではない。

　ここで，ⅰ）と同様に，労働組合・労働運動と連携し，公正な労使関係の構築による社会政策の拡充を展望することが必要となるのである。また，その点を念頭において，調査活動等の当初から労働組合をその主体のひとつとして参入させるという方法もきわめて有効である。


### (6) 総合的生活問題対策体系の内容と意義

　社会福祉実践の発展形態である社会保障運動と労働運動とが，いわば前者が後者を「突き上げる」という関係でともに発展するとき，

　ⅰ）社会政策はその範囲を理論的限界点まで拡大させ，

　ⅱ）そのおよばぬ部分を補充するのは社会福祉であるが，

　ⅲ）具体的な補充策の第一は社会手当であり，

　ⅳ）次いで社会福祉サービスであり，

　ⅴ）「日本の公的扶助」である生活保護は，最終的な最低生活保障施策にとどまることが「できる」，

という総合的生活問題対策体系の構想を，はじめて描くことができるのである（図4－6）。

　では，どのような内容を具有することによって，生活問題対策は「総合的」かつ「体系的」であると称し得るのであろうか。

①生活問題対策の「総合性」

「総合的な」または「総合性」とは，各制度が単独にバラバラに存在し実行されているのではなく，各制度が有機的に関連しているという意味である。

第1章から第3章までにおける論証のとおり，生活問題は労働問題を基軸として生成するのであるから，生活問題対策は雇用保障（経済政策のひとつ）・労働条件保護・最低賃金制等の労働問題対策が確立していることを条件に成立する。

次いで社会政策の中の生活問題対策である社会保険が必要となるが，それは労働問題対策のありように規定される。

そして，これら経済・社会政策の「どうしても足らざる部分」を補充するのが社会福祉である。したがって社会福祉は，社会政策の不備・欠落に対して代替的地位を占めるのではなく，社会政策の「それ以上はどうにもならない」という意味での限界性に対して，これを補充するという地位を占めねばならないのである。このような有機的関連が各制度間に認められる状態が「総合性」である。

②生活問題対策の「体系性」

「体系的な」または「体系性」とは，対策が問題の構造とその構造に起因する性質に適合し，かつその対策に用いられる方法が適切であるという意味である。

生活問題中の基本的な問題（疾病・失業・老齢による所得の喪失）は，労働問題から直接に生み出される問題であるから，資本負担を要件とする社会保険で対応されねばならない。

そしてさらにその基本的生活問題から派生的に生み出される二次的生活問題については，資本負担を求めることが困難であるから，

図4－6 労働・生活問題の構造と「総合的生活問題対策体系」

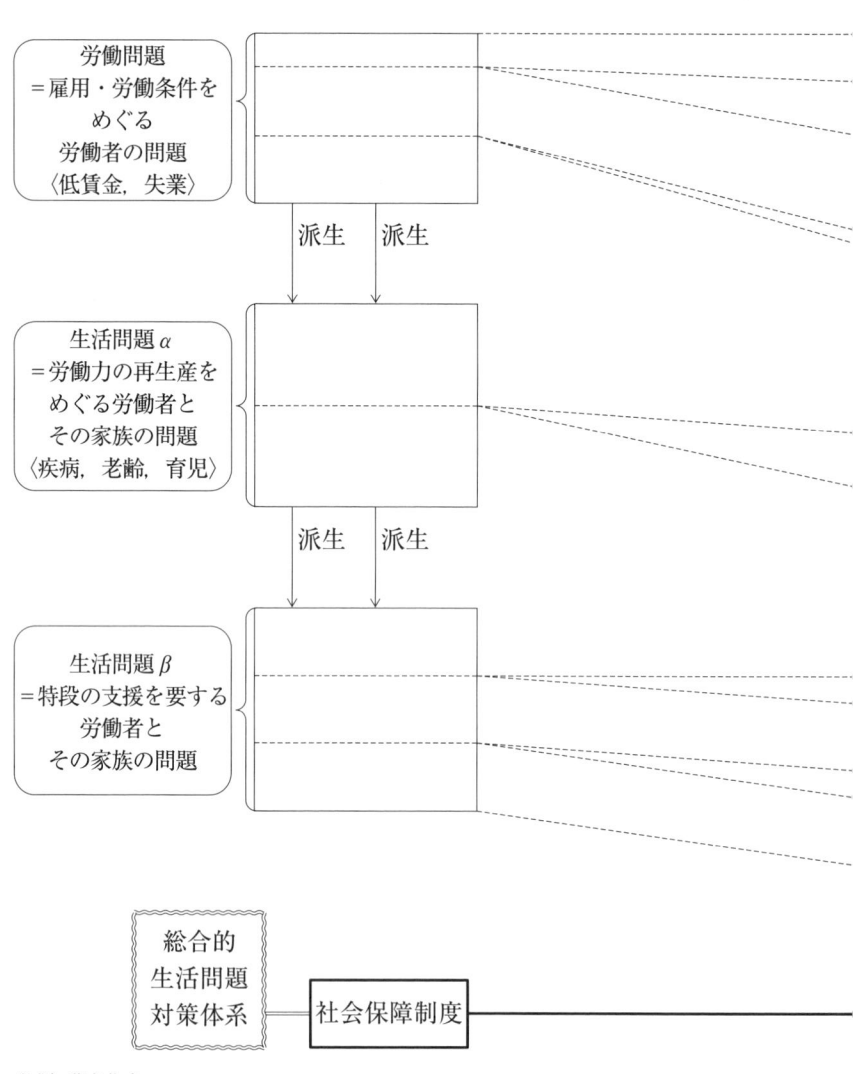

労働問題
＝雇用・労働条件を
めぐる
労働者の問題
〈低賃金，失業〉

派生　派生

生活問題α
＝労働力の再生産を
めぐる労働者と
その家族の問題
〈疾病，老齢，育児〉

派生　派生

生活問題β
＝特段の支援を要する
労働者と
その家族の問題

総合的
生活問題
対策体系 — 社会保障制度

出典）著者作成

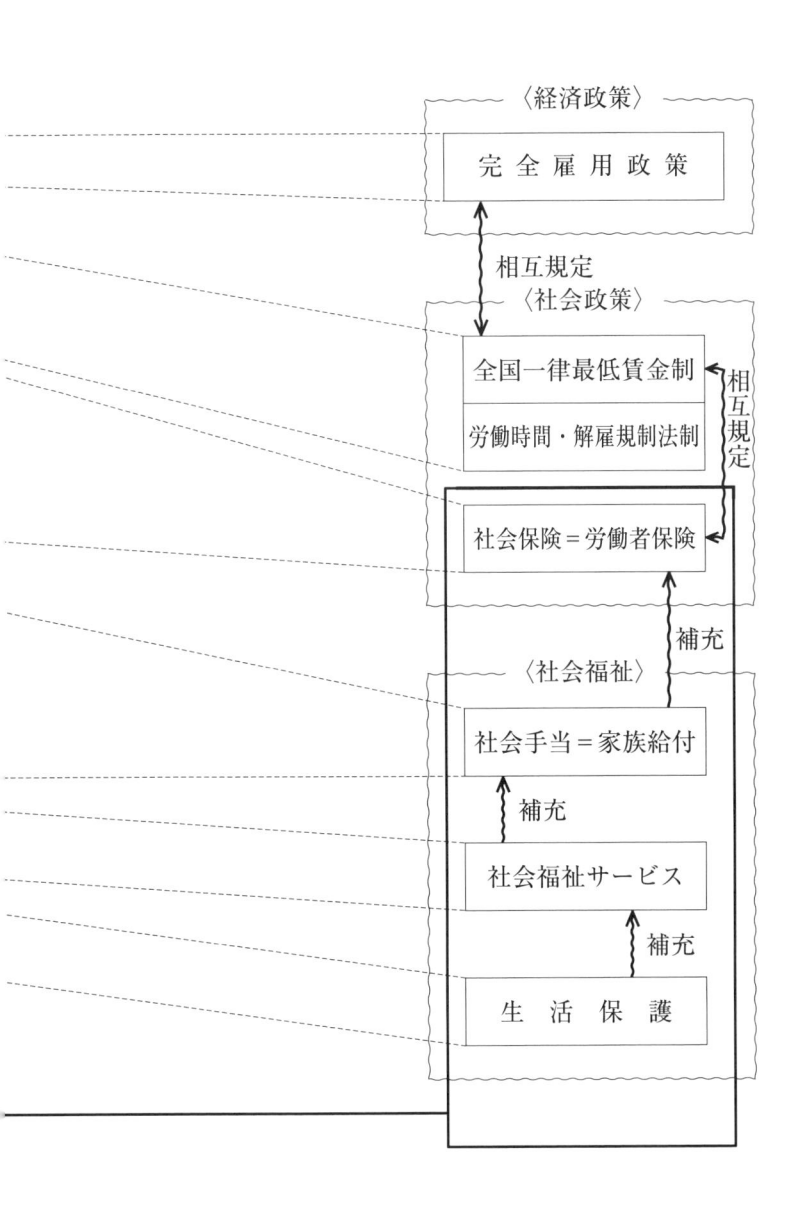

第4章 「総合的生活問題対策体系」確立のための社会・労働運動の役割　161

〈経済政策〉

完全雇用政策

↕ 相互規定

〈社会政策〉

全国一律最低賃金制

労働時間・解雇規制法制

相互規定

社会保険＝労働者保険

↑ 補充

〈社会福祉〉

社会手当＝家族給付

↑ 補充

社会福祉サービス

↑ 補充

生活保護

国家の責任と費用負担とによる社会福祉が対応するのである。そのことが，上記の「総合性」と相まって，社会福祉に，社会政策を最終的に補充するという地位を与えるのである。

であるから，例えば，社会福祉の課題を保険的方法（収奪的方法）によって解決しようという制度（国民健康保険，国民年金，介護保険）は，社会保障制度をきわめて非体系的なものとする制度なのであって，全面的に見直されねばならないのである。

### (7) 総合的生活問題対策体系確立へ向けての努力を通じての労働運動の変容

以上の図式の一方の当事者である労働組合も，社会福祉実践・社会保障運動との連携によって，労働者・勤労国民の生活破壊状態への接近を自らの課題としなければならないことに気づき，賃金闘争一辺倒の「伝統的な労働運動」から脱却し，生活問題対策要求の比重を高めた「生活者としての労働者を守るための新しい労働運動」の構築に着手することができるであろう。

## V おわりに

近年，社会福祉が「拡充」してきている。その一方で，社会政策の中心たるべき雇用保険法に基づく失業施策は後退してきている。社会福祉の社会政策に対する代替性が拡大しているのである（図4－7[45]，図4－8）。

---

45) 図4－7において，「社会福祉費」が2000年から2001年にかけて大きく減少しているのは，2000年4月に介護保険法が施行され，本表に

第4章 「総合的生活問題対策体系」確立のための社会・労働運動の役割　163

**図4−7　近年における社会福祉の労働政策に対する代替性の拡大(1)**

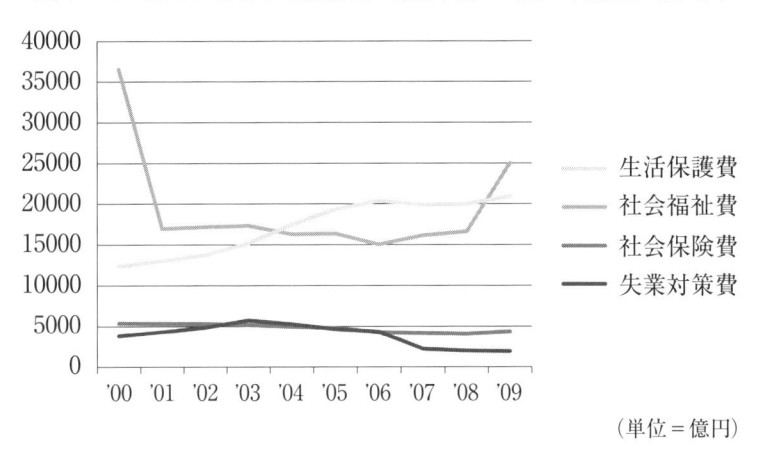

　　　　　　　　　　　　　　　　　　　　　生活保護費
　　　　　　　　　　　　　　　　　　　　　社会福祉費
　　　　　　　　　　　　　　　　　　　　　社会保険費
　　　　　　　　　　　　　　　　　　　　　失業対策費

（単位＝億円）

出典）財務省（各年版）により作成

**図4−8　近年における社会福祉の労働政策に対する代替性の拡大(2)**

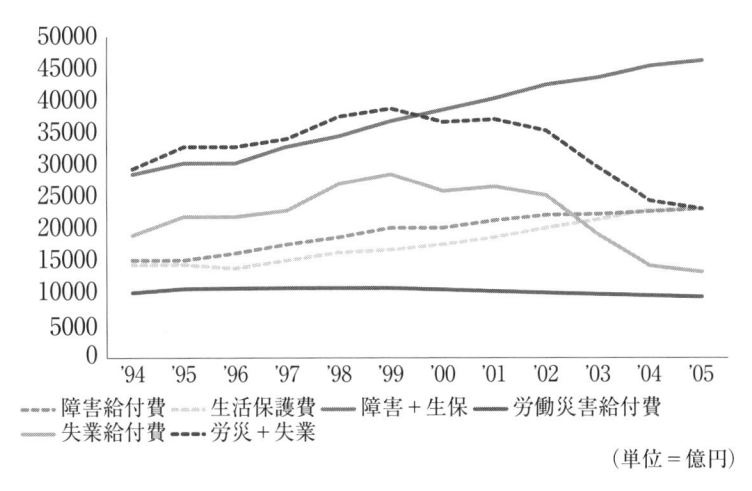

----- 障害給付費　　----- 生活保護費　　—— 障害＋生保　　—— 労働災害給付費
—— 失業給付費　　---- 労災＋失業

（単位＝億円）

出典）国立社会保障・人口問題研究所〔2009〕，第8表の数値を用いて作成

社会福祉の代替性の拡大は，社会保障の歴史に照らして考えるならば，社会保障全体の後退を意味すると言わざるを得ない。では何がそうさせているのか。

　上述のとおり，現在の日本の労働運動は，まず，広く生活問題全体をその課題とする力量を持ち合わせていない。そして，その全体としての規模と一般的力量も弱体化してきている。正規労働者中心の，そして賃金闘争に傾斜した労働運動は，正規労働者の労働条件が一定水準に高められた時点で，進む先を見失ったのではあるまいか。

　非正規・不安定雇用労働者の労働条件の悪化とそれに伴う労働力再生産条件の貧困化とに労働組合が対応できず，そのことが労働組合全体の社会的影響力を低下させてきたと考えられてならない。少なくとも，労働運動の弱体化と社会福祉の代替性の拡大とが相関することは，事実が示しているのである（図4-9）。

　一方で社会福祉は，最終的・最低限の生活問題対策であるという本質から離れ，個別・現象的かつ場当たり的な非社会的援助行為としての側面を強化させている。たとえば，「ケアマネジメント」が重要視されている。生活問題と社会資源との調整という業務は社会福祉実践にとってきわめて重要ではあるが一方法にすぎないのであって「本質」ではない[46]。方法と本質とを逆転させることによっ

---

　　用いた財務省の統計では介護保険費が社会福祉費に含まれないからである。介護保障を社会福祉の一領域と考えるならば，この減少は，「社会福祉の費用」が大きく減少したことを意味するのではない。

46) 「ケアマネジメントは不要である」と主張するのではない。本質ではないという趣旨である。本質と機能・方法とを逆転させることは，「手段の自己目的化」につながりかねないのである。

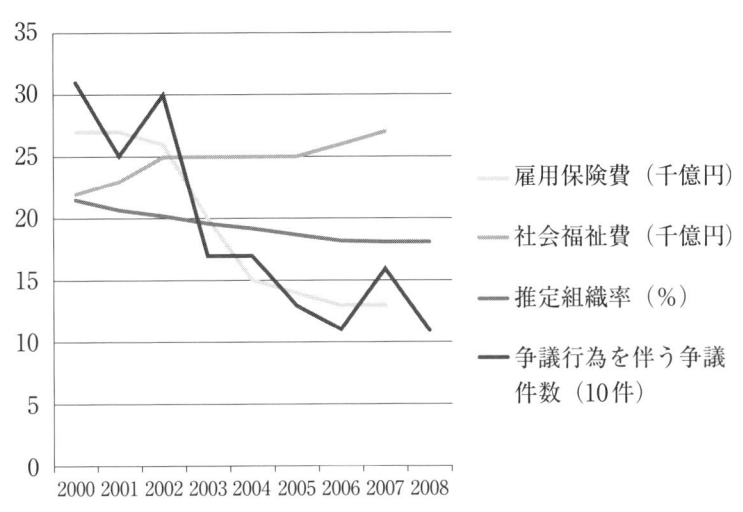

図4－9　社会福祉の失業政策に対する代替性と労働運動との関係

雇用保険費（千億円）
社会福祉費（千億円）
推定組織率（％）
争議行為を伴う争議件数（10件）

出典）財団法人日本生産性本部編〔2010〕，p.164，177により作成

て社会福祉援助はその社会性を喪失しつつあるのである。

　繰り返しになるが，社会福祉が，前章までで論じてきた「社会問題としての」，つまり，労働問題と間接的にではあっても連続線上にある，または一体をなすものである生活問題への対策であるならば，その実践過程は生活問題を生み出す構造，そしてその基底にある労働条件の悪化が生活条件の悪化を生み出す構造に目を向けるはずであり[47]，構造の変革と体制の修正とを指向する運動的側面を

---

47）　本来社会福祉実践が接近すべきは労働条件の悪化から副次的に生み出される生活条件の悪化であるが，労働運動の弱体化によって，労働条件の悪化から直接に生み出される生活条件の悪化をもその接近すべき課題としなければならないのであるなら（社会福祉実践が労働運動を代替しなければならないのであるなら）なおさらである。

強化させるはずである。そうして、社会福祉の運動的機能は労働運動に刺激を与え、社会政策を拡充させる力となり得るであろう。

　そうした、労働運動の（生活問題対策に目を向けることによる）活性化の結果としての社会政策の拡充と社会福祉による代替領域の縮小は、一見すると「社会福祉の後退・縮小」とうつるかもしれない。しかしそれはむしろ「望まれるべき縮小」なのである。社会福祉における内的充実の希求は、それが社会政策に対する代位・代替性を返上し、最終的かつ最小限の最低生活保障としての地位を明確にするとき、はじめて可能となる。


〈引用・参考文献〉
　相澤與一〔1991〕『社会保障の基本問題』未來社
　一番ヶ瀬康子〔1964〕『社会福祉事業概論』誠信書房
　フリードリヒ・エンゲルス（全集刊行委員会訳）〔1971a〕『イギリスにおける労働者階級の状態(1)』大月書店
　フリードリヒ・エンゲルス（全集刊行委員会訳）〔1971b〕『イギリスにおける労働者階級の状態(2)』大月書店
　小川喜一〔1961〕『イギリス社会政策史論』有斐閣
　小澤勲〔1974〕『反精神医学への道標』めるくまーる社
　孝橋正一〔1951〕「労働者社会事業の理論構造—社会事業の補充性に関する研究」『社会問題研究』（大阪社会事業短期大学社会事業研究会）第1巻第2号，pp.1-22
　孝橋正一〔1963〕『社会政策と社会保障』ミネルヴァ書房
　孝橋正一〔1969〕『社会科学と社会事業』ミネルヴァ書房
　国立社会保障・人口問題研究所〔2009〕『平成19年度社会保障給付費』
　財団法人厚生統計協会編〔2009〕『保険と年金の動向・厚生の指標増刊・第56巻第14号』
　財団法人日本生産性本部編〔2010〕『2010年版 活用労働統計』生産性労働情報センター
　財務省『財政法第46条に基づく国民への財政報告』（各年版）

独立行政法人労働政策研究・研修機構〔2007〕『労働政策研究報告書No.84ドイツ,フランスの労働・雇用政策と社会保障』
独立行政法人労働政策研究・研修機構〔2010〕『海外労働情報』
三塚武男〔1997〕『生活問題と地域福祉』ミネルヴァ書房
横山源之助〔1899〕『日本之下層社会』(岩波文庫版『日本の下層社会』〔1949〕)

## あとがき：謝辞にかえて

　本書を締めくくるにあたり，あらためて，数えきれぬ方々に感謝の意を表したいという思いに駆られている。

　まず，大学院生時代からの恩師である井岡勉・同志社大学名誉教授に御礼申し上げたい。井岡先生からは，現在に至るまでつねに温かく見守っていただいている。生来の怠け者である著者は，先生からときには厳しく叱責された。しかし先生は見捨てないでいて下さった。今やずいぶん「丸く」なられたが，本書の至らぬ部分について，再び厳しくご指導いただきたいと心から思う。

　「はしがき」にも記したが，故・三塚武男・同志社大学名誉教授からは一方ならぬご指導をいただいた。本書が，三塚先生の理論を世に問う一助になればと思う。あらためてご冥福をお祈りする次第である。

　本書が刊行に漕ぎ着けたのは，大阪産業大学の良好な研究環境があったればこそである。学長・本山美彦先生，経済学部長・高神信一先生をはじめ，教育職員・事務職員の方々に厚く御礼申し上げたい。

　本書の各章を執筆する過程で，つねに著者にとってありがたかったのは本務校の先輩・同僚諸氏との交流であった。諸氏にとっては単なる「世間話」も，著者にとっては実に貴重な「議論」であった。

とりわけ，公私ともに親しくさせていただいている大阪産業大学経済学部准教授・古谷眞介氏からいただいた共感と率直な批判とは，何物にも代え難い宝である。

著者は，本書に，社会科学的社会福祉論，とりわけ孝橋理論の再検証という意味合いを込めたつもりである。「社会福祉実践・社会福祉政策の本質とは何か」を探求するための論争が，社会科学的社会福祉論を含めて，再び活発化することを願ってやまない。

出版をめぐる情勢が厳しい中，学文社・田中千津子社長から刊行のご快諾をいただいたことは，著者にとって望外の喜びであった。田中社長をはじめ学文社各位にこの場を借りて厚く御礼申し上げる次第である。

著者が，狭義の社会福祉の研究から少しく踏み出して，労働問題について考えるようになったのは，思えば，「生涯一労働者」であった亡父と亡母との影響であったのかも知れない。亡母は昭和20年代前半に「過激な」労働争議のさなかにいた人であったし，亡父は同じく昭和20年代に，自分が労働組合の執行委員長に選出された中小企業が「偽装倒産」するという経験をした人であった。

著者がまだ20代のとき，9,800円でありながらそれなりに立派なスーツを購入して帰宅した。著者は，亡父に安く買ってきたことを自慢するつもりであったのだが，亡父は，ほほえみながら「これを9,800円で売ろうとするなら，職人はいくらで仕事させられとるんやろ…」と，誰に訊くでもなくつぶやいた。このことばが著者に多

大なる影響を与え，今の自分を形づくってくれたと思われてならない。

本書を亡父と亡母の墓前に捧げたい。

2011年7月

木村　敦

# 索　引

## あ行

| | |
|---|---|
| ILO | 139 |
| 相澤興一 | 8 |
| アクティベーション | 36 |
| 朝日訴訟 | 62 |
| 『イギリスにおける労働者階級の状態』 | 133 |
| 一番ヶ瀬康子 | 61 |
| 伊藤セツ | 96 |
| いのちとくらし | 105 |
| 江口英一 | 96 |
| エンゲルス | 133 |
| 応益負担 | 123 |
| 大河内一男 | 9 |
| 岡村重夫 | 39 |

## か行

| | |
|---|---|
| 階級性 | 11 |
| 介護保険法 | 84 |
| 階層 | 111 |
| 可変的境界線 | 131 |
| 過労死 | 97 |
| 完全雇用 | 118 |
| 岸本英太郎 | 20 |
| 機能主義 | 69 |
| 機能論 | 10 |
| 木村正身 | 34 |
| 救護法 | 138 |
| 救貧 | 21 |
| 救貧法 | 32 |
| 窮乏 | 24 |
| 窮民 | 56 |
| ケアマネジメント | 4 |
| 経済学 | 47 |
| 経済政策 | 17 |
| 経済秩序外的存在 | 49 |
| 経済的限界 | 24 |
| 健康保険 | 63 |
| 現象論 | 86 |
| 原生的労働関係 | 65 |
| 恒久持続性 | 53 |
| 公共一般政策 | 95 |
| 工場法 | 8, 137 |
| 厚生年金保険 | 84 |
| 公的扶助 | 18 |
| 孝橋正一 | 9 |
| 合目的（性） | 10 |
| 国民保険法 | 140 |
| 国民皆保険・皆年金 | 27 |
| 国民健康保険 | 33 |
| 国家独占資本 | 8 |
| 国家扶助 | 32 |
| 固定的境界線 | 130 |
| 個別資本 | 54 |
| 雇用 | 6 |
| 雇用保険 | 145 |
| 雇用保障 | 73 |

## さ行

| | |
|---|---|
| 最低生活保障 | 3 |
| 最低賃金 | 8 |
| 搾取 | 34 |
| 真田是 | 29, 61 |
| 産業合理化 | 23 |
| 三元構造 | 29 |
| ジェンダー | 96 |
| 自助 | 123 |
| 慈善事業 | 21 |
| 慈善組織教会 | 32 |
| 失業 | 6 |
| 失業政策 | 84 |
| 失業扶助 | 141 |
| 失業保険 | 24 |
| 実際的限界 | 76 |
| 資本主義 | 2 |
| 資本制的生産関係 | 17 |

| | | | |
|---|---|---|---|
| 資本家階級 | 35 | 生産者 | 49 |
| 資本蓄積 | 35 | セツルメント | 62 |
| 嶋田啓一郎 | 39 | 戦時社会政策 | 23 |
| 社会運動 | 29 | 全般的危機 | 18 |
| 社会化 | 104 | 総合的生活福祉保障制度体系 | 18 |
| 社会関係 | 40 | 総合的生活問題対策体系 | 12, 130 |
| 社会改良 | 74 | 総資本 | 11 |
| 社会科学 | 3 | 副田義也 | 87 |
| 社会学 | 37 | ソーシャル・ポリシー論 | 17 |
| 社会事業 | 9 | ソーシャルワーカー | 71 |
| 社会政策 | 8 | ソーシャルワーク | 4 |
| 社会手当 | 11 | | |
| 社会的必然 | 59 | た 行 | |
| 社会的問題 | 9 | 第1次世界大戦 | 8 |
| 社会福祉 | 2 | 大恐慌 | 24 |
| 社会福祉運動 | 12 | 大衆運動 | 28 |
| 社会福祉実践 | 2 | 対象規定 | 85 |
| 社会福祉政策 | 47 | 代替 | 7 |
| 社会福祉労働 | 70 | 高島進 | 64 |
| 社会扶助 | 8 | 武川正吾 | 18 |
| 社会保険 | 8 | 地域性 | 11, 113 |
| 社会保障 | 23 | 地域福祉 | 122 |
| 社会保障運動 | 60, 149 | 地域類型 | 113 |
| 社会民主主義 | 23 | 賃金 | 99 |
| 社会問題 | 3 | 賃労働 | 35 |
| 就労支援 | 6 | 帝国主義 | 18 |
| 収奪 | 28 | 闘争 | 22 |
| 恤救規則 | 138 | | |
| 障害者自立支援法 | 84 | な 行 | |
| 消費過程 | 17 | 中川清 | 92 |
| 消費生活 | 35 | 『日本之下層社会』 | 135 |
| 譲歩 | 11 | | |
| 女工 | 136 | は 行 | |
| 職工 | 136 | 非貨幣的問題 | 89 |
| 資力調査 | 146 | 被救恤民 | 9 |
| スラム | 136 | ビスマルク | 140 |
| 生活困窮状態 | 83 | 非正規雇用 | 144 |
| 生活自己責任原則 | 100 | 貧困 | 24 |
| 生活保護 | 63 | 貧困化 | 65 |
| 生活問題 | 2 | 貧困問題 | 89 |
| 生産過程 | 17 | 不安定雇用 | 6 |

| | | | |
|---|---|---|---|
| 福祉 | 38 | 理論的限界 | 12 |
| 福祉国家 | 26 | 劣等処遇 | 32 |
| 平均利潤率 | 58 | 労使関係 | 148 |
| 保険原理 | 24 | 労使協調 | 23 |
| 保護基準 | 63 | 労働貴族 | 23 |
| 補充 | 7 | 労働基本権 | 36 |
| 補足給付 | 146 | 労働組合 | 23 |
| 本質論 | 47 | 労働者 | 9 |
| | | 労働者階級 | 24 |
| **ま　行** | | 労働者災害補償保険制度 | 145 |
| 三浦文夫 | 121 | 労働者保険 | 21 |
| 三塚武男 | 11 | 労働条件 | 99 |
| 民主主義 | 27 | 労働=生活問題 | 120 |
| ミーンズテスト | 147 | 労働政策 | 35 |
| 無拠出年金 | 146 | 労働能力貧民 | 138 |
| 無告の窮民 | 138 | 労働分配率 | 144 |
| | | 労働問題 | 3, 7 |
| **や　行** | | 労働力 | 7 |
| 要救護性 | 49 | 労役場 | 138 |
| 横山源之助 | 135 | | |
| | | **わ　行** | |
| **ら　行** | | ワークフェア | 36 |
| リハビリテーション | 95 | ワーク・ライフ・バランス | 98 |

索　引　173

## 著者紹介

木村　敦

| | |
|---|---|
| 1965年 | 京都市に生まれる |
| 1990年 | 京都府立大学文学部社会福祉学科卒業 |
| 1998年 | 同志社大学大学院文学研究科社会福祉学専攻博士後期課程満期退学 |
| 同年 | 種智院大学仏教学部講師 |
| 2003年 | 同助教授 |
| 2007年 | 大阪産業大学経済学部准教授 |
| 2010年 | 同教授（現在に至る） |
| 専攻 | 社会保障論，社会福祉政策論 |
| 著書・論文 | 『社会保障―論点・解説・展望―』（編著，2003年，学文社，2008年増補改訂版） |
| | 「社会福祉における『費用補償主義』の進行」（『仏教福祉学』第5号，2001年） |
| | 「『普遍主義型社会保障』論の検討」（『仏教福祉学』第12号，2005年） |
| | 「障害者自立支援法に基づく『就労支援』の問題点」（『大阪産業大学経済論集』第9巻第2号，2008年） |
| | 「精神障害者に対する『就労支援』施策についての考察」（『大阪産業大学経済論集』第11巻第2号，2009年） |
| | 他 |

---

社会政策と「社会保障・社会福祉」―対象課題と制度体系―

2011年9月10日　第一版第一刷発行

著　者　木　村　　　敦
発行所　株式会社　学　文　社
発行者　田　中　千津子

〒153-0064　東京都目黒区下目黒3-6-1
電話（03）3715-1501代　振替00130-9-98842
http://www.gakubunsha.com

乱丁・落丁の場合は本社にてお取替えします。　　　印刷／倉敷印刷株式会社
定価はカバー，売上げカードに表示してあります。　　　〈検印省略〉

ISBN978-4-7620-2211-1
©2011 KIMURA Atsushi Printed in Japan